C.H.BECK WISSEN
in der Beck'schen Reihe

Jesus von Nazaret gilt auch heute als eine der faszinierendsten Gestalten der Menschheitsgeschichte. Aber wer war er wirklich? Jürgen Roloff beantwortet diese Frage aus der Sicht heutiger historischer Forschung. Er beschreibt Erscheinung und Wirken Jesu vor dem geistigen, religiösen und politischen Hintergrund des zeitgenössischen palästinischen Judentums.

Jürgen Roloff (1930–2004) war Ordinarius für Neues Testament an der Universität Erlangen-Nürnberg. Er hat wissenschaftliche Kommentare zu neutestamentlichen Schriften (Apostelgeschichte, Erster Timotheusbrief, Johannesoffenbarung) sowie mehrere Monographien (u.a. Das Kerygma und der irdische Jesus; Die Kirche im Neuen Testament; Einführung in das Neue Testament) veröffentlicht.

Jürgen Roloff

JESUS

Verlag C.H.Beck

1. Auflage. 2000
2., durchgesehene Auflage. 2002
3. Auflage. 2004
4. Auflage. 2007

5. Auflage. 2012

Originalausgabe
© Verlag C. H. Beck oHG, München 2000
Gesamtherstellung: Druckerei C. H. Beck, Nördlingen
Umschlagentwurf: Uwe Göbel, München
Printed in Germany
ISBN 978 3 406 44742 6

www.beck.de

Inhalt

Abkürzungen biblischer Bücher 6
Weitere Abkürzungen 6

I. Einführung 7

II. Die Quellen und ihre Auswertung 11
  1. Zur Quellenlage 11 – 2. Die Briefe des Paulus 12 – 3. Die synoptischen Evangelien und ihre Quellen 16 – 4. Das Johannesevangelium 21 – 5. Außerkanonische christliche Quellen 22 – 6. Jüdische Quellen 27 – 7. Römische Historiker 29

III. Das geschichtliche Umfeld 32
  1. Das zeitgenössische Judentum als Bezugsrahmen 32 – 2. Die politische Lage Palästinas zur Zeit Jesu 33 – 3. Die theologische Krise 38

IV. Jesus im Spektrum des zeitgenössischen Judentums 40
  1. Die Sadduzäer 40 – 2. Die Pharisäer 41 – 3. Essener und Qumrângemeinschaft 43 – 4. Die Zeloten 48 – 5. „Messianische" Erwartungen 51

V. Der äußere Verlauf der Geschichte Jesu 54
  1. Herkunft und Hintergrund 54 – 2. Die Geburt Jesu 56 – 3. Jesus und der Täufer 60 – 4. Der Beginn des öffentlichen Wirkens 63 – 5. Jesus in Galiläa 65 – 6. Datierungsfragen 70

VI. Motive und Aspekte des Wirkens Jesu 72
  1. Der Profet der nahen Gottesherrschaft 72 – 2. Die Sprache der Gottesherrschaft 80 – 3. Die Taten der Gottesherrschaft 86 – 4. Das Volk der Gottesherrschaft 91 – 5. Lebensgemeinschaft im Zeichen der Gottesherrschaft 95 – 6. Das Ethos der Gottesherrschaft 97

VII. Das Drama der letzten Tage in Jerusalem 105
  1. Der Konflikt 105 – 2. Das letzte Mahl 110 – 3. Das Ende 113

VIII. Von Jesus von Nazaret zum Christus der Kirche . . . 117

IX. Kritische Nachbemerkung: Jesus im Medienzeitalter 120

Kleine Literaturauswahl 128

Abkürzungen biblischer Bücher

Ex	Exodus (= 2. Buch Mose)	Mt	Evangelium nach Matthäus
Lev	Leviticus (= 3. Buch Mose)		
Num	Numeri (= 4. Buch Mose)	Mk	Evangelium nach Markus
Dtn	Deuteronomium (= 5. Buch Mose)	Lk	Evangelium nach Lukas
		Joh	Evangelium nach Johannes
1Kön	1. Buch der Könige	Apg	Apostelgeschichte
1Makk	1. Buch der Makkabäer	Röm	Brief des Paulus an die Römer
Ps	Psalmen		
Spr	Buch der Sprichwörter	1Kor	Erster Brief des Paulus an die Korinther
Sir	Buch Jesus Sirach		
Jes	Jesaja	Gal	Brief des Paulus an die Galater
Jer	Jeremia		
Dan	Daniel	1Thess	Erster Brief des Paulus an die Thessalonicher
Hos	Hosea		
Mi	Micha	Offb	Offenbarung des Johannes

Weitere Abkürzungen

ThEv	Thomasevangelium (koptisch)
1QS	Gemeinderegel aus Qumrân
1QSa	Gemeinschaftsregel aus Qumrân
11QMelch	Melchisedek-Rolle aus Qumrân
CD	Damaskusschrift
Jub	Buch der Jubiläen
äthHen	äthiopisches Henochbuch
4Esr	Viertes Buch Esra
TestIss	Testament Issachar
TestDan	Testament Dan
TestNapht	Testament Naphtali
Ant.	Josephus, Jüdische Altertümer
Bell.	Josephus, Der jüdische Krieg

Die Schreibweise biblischer Orte und Namen folgt den so genannten Loccumer Richtlinien und der Einheitsübersetzung. Die Übersetzungen neutestamentlicher Texte wurden vom Verfasser vorgenommen.

I. Einführung

Es gibt wohl keinen Menschen aus der uns Heutigen fern gerückten Welt des Altertums, von dem so viele so viel wissen wie von Jesus von Nazaret – keinen Herrscher und keinen von denen, die durch ihre Taten Geschichte gestaltet und von den Machtzentren der Antike aus die Welt verändert haben, aber auch keinen von den Dichtern und Philosophen, die in ihren Schriften noch direkt zu uns sprechen. Und dies, obwohl Jesus in einem entlegenen Winkel der antiken Welt gelebt und uns keine einzige schriftliche Zeile hinterlassen hat. Zumindest im noch vorwiegend christlich geprägten westlichen Kulturkreis ist seine Gestalt in einer nachgerade erstaunlichen Weise bis heute präsent. Szenen aus seiner Geschichte haben sich auf Grund ihrer Dramatik und Farbigkeit dem Bewusstsein der Menschen eingeprägt, viele seiner Worte und Sentenzen sind zu festen Bestandteilen ihres sprachlichen Repertoires geworden und sind – ohne dass man sich ihrer Herkunft noch bewusst wäre – in Umgangssprache, ja sogar in sprichwörtliche Wendungen eingegangen. Feste Traditionen ikonografischer Darstellung haben zu einer Typisierung seines Bildes geführt, mit der Folge, dass man sogar über sein Aussehen genau Bescheid zu wissen meint.

Gerade diese Bekanntheit Jesu macht eine Annäherung an ihn nach den Regeln der Geschichtsschreibung, die danach fragt, wie es wirklich gewesen ist, schwierig. Soll sie auch nur halbwegs gelingen, so muss sie das scheinbar Nahe gleichsam verfremden, indem sie sich des zeitlichen, kulturellen und mentalen Abstands von ihrem Gegenstand ständig bewusst bleibt.

Mehrere Faktoren sind dabei besonders zu bedenken.

Der wohl wichtigste von ihnen ist der Umstand, dass Jesus nicht nur eine für die Ursprünge des christlichen Glaubens maßgebliche Gestalt, sondern dessen *zentraler Gegenstand und Inhalt* ist. Christen glauben an Jesus, und das heißt, sie setzen – weithin unreflektiert – voraus, in ihm ganz und ohne

Abstriche all das vorgegeben und verkörpert zu finden, was Christentum ausmacht. Christliche Reflexion über Jesus konzentrierte sich von ihren ersten Anfängen an auf die gegenwärtige und zukünftige Bedeutung Jesu für Menschen und Welt. Maßgeblich für diese Sicht war der durch die biblischen Quellen begründete Glaube an seine Auferweckung und sein bleibendes Sein bei Gott. Von ihm als dem Erlöser und Heiland erwartete man Errettung und Erneuerung des Lebens; mit ihm als dem kommenden Weltrichter verband sich gleichermaßen die Hoffnung auf zukünftiges individuelles Heil wie auf die Schaffung der neuen Welt Gottes.

Ein zentrales Element christlicher Frömmigkeit war und ist das unmittelbare personhafte Verhältnis zu Jesus: Man weiß ihn als unmittelbar gegenwärtig. In ihm begegnet der unsichtbare Gott als unmittelbar nahe, als ansprechbares und erkennbares Gegenüber in der Gestalt eines Menschen. Indem man zu ihm betet, spricht man zu Gott. Solches Bewusstsein konkreter, unmittelbarer Nähe zu Jesus als gegenwärtigem Partner schließt notwendig jeden Gedanken an eine zeitliche und kulturelle Distanz aus. Jesus wird als gleichzeitig gedacht und erfahren.

Damit hängt ein weiterer zu bedenkender Faktor zusammen. Weil christlichem Glauben in Jesus Gott selbst in menschlicher Gestalt begegnet, darum erkennt er in ihm den einen Menschen, in dem sich wahres, dem Willen Gottes gemäßes Menschsein gültig und normgebend repräsentiert. Jesus ist der gottgemäße, gewissermaßen der ideale Mensch. Mit ihm in unmittelbarer personhafter Verbindung zu stehen, heißt darum, sich an ihm und seinem Verhalten zu orientieren. Auf nichts anderes läuft das traditionelle Frömmigkeitsmodell der „Nachfolge Jesu" hinaus. Es macht – modern gesprochen – Jesus zur *Identifikationsfigur*. Wobei die selbstverständliche Gewissheit seiner unmittelbaren, Zeit und Raum überbrückenden Nähe zu der Erwartung Anlass gibt, in seinen Worten und seinem Verhalten unmittelbare Antworten auf die Probleme der jeweiligen Gegenwart zu finden. Sie führt im Extremfall dazu, Jesus als den zu verstehen, in dem gegenwärtiges Problembewusstsein, zeitgenössische Einstellungen, Hoffnungen und Lebensentwürfe gültig und normgebend repräsentiert sind. Mit erstaunlicher Selbstverständlichkeit werden immer wieder zeitgenössische Leitvorstellungen so auf die Gestalt Jesu zurückprojiziert, dass diese als Identifikationsfigur in Anspruch genommen werden kann. Dies geschieht sogar da, wo man dem kirchlichen Christentum längst den Abschied gegeben hat.

Wie schwierig es ist, hinter die geschichtsmächtigen Bilder Jesu zurückzufragen nach dem in seiner Zeit lebenden Menschen Jesus von Nazaret, das hat die moderne Leben-Jesu-Forschung schmerzhaft erfahren. Ihre Anfänge liegen im 18. Jahrhundert, im Zeitalter der europäischen Aufklärung. Damals packte man diese Aufgabe mit der optimistischen Überzeugung an, man werde unschwer auf den Menschen Jesus, wie er wirklich war, stoßen, wenn man nur das Bild Jesu aus seinen ihm durch Dogmen und Frömmigkeitstraditionen der Kirche zugefügten Übermalungen befreie und die alten Quellen mit einem durch modernes, aufgeklärtes Bewusstsein geschärften Blick auswerte. Moderne Jesusdarstellungen schossen im 19. Jahrhundert üppig ins Kraut. Es zeigte sich jedoch schnell, dass sie durchweg einem folgenschweren Irrtum erlegen waren. Die Kriterien, die sie ihren Darstellungen des angeblich „wirklichen" Jesus zugrunde legten, waren unreflektiert der jeweiligen zeitgenössischen Gegenwart entnommen. Vor allem aber war in ihnen – ebenso unreflektiert – die Absicht leitend, in Jesus eine der jeweiligen Zeit nahen Menschen zu finden, einen, der ihren idealen Leitvorstellungen entsprach und als moderne Identifikationsfigur geeignet war. Das Projektionsschema funktionierte also in der Jesusforschung unhinterfragt weiter. Jesus wurde – um nur einige dieser Jesusbilder zu benennen – als den Idealen der Aufklärung entsprechender Weiser, als Haupt eines esoterischen Geheimbundes, als schönheitstrunkener Träumer, als politischer Umstürzler, Sozialutopiker oder Profet einer sozialistischen Gesellschaftsordnung gezeichnet. Albert Schweitzer, der kritische Chronist dieser Forschungsphase, urteilt sicher zu Recht, sie sei gescheitert, weil sie Jesus, dem in einer uns fernen kulturellen und geistigen Welt Lebenden, unter kurzschlüssiger Überbrückung der historischen Distanz „einen Stich ins Moderne" geben und heutige Leitvorstellungen auf ihn projizieren wollte. Jesus aber „ging an unserer Zeit vorüber und kehrte in die seinige zurück".

Historische Forschung will herausfinden, wie es wirklich gewesen ist. Ihr Ziel ist es, Gestalten und Vorgänge der Vergangenheit umfassend und objektiv darzustellen. Damit stößt sie freilich schon da, wo es um zeitlich nahe und quellenmäßig gut dokumentierte Gestalten und Vorgänge geht, an Grenzen. Eine umfassende, alle Aspekte und Einzelzüge ihres Gegenstandes erfassende Darstellung ist ihr schon auf Grund der Begrenztheit der Quellen unmöglich. Diese verdanken sich nämlich einer vorgängigen Auswahl, die bereits bestimmte Deutungsmuster impliziert. Hinzu kommt, dass der Historiker selbst, um seinen Gegenstand wahrzunehmen, bestimmter Kriterien bedarf. Diese sind ihm jeweils durch seine eigene Erfahrungswirklichkeit vorgegeben. Er muss durch Einsichten, die ihm aus eigener Weltwahrnehmung zugewachsen sind, für die Erkenntnis bestimmter Aspekte seines Gegenstandes vorgängig sensibilisiert worden sein. So wird beispielsweise gruppenpsychologische Vorgänge oder sozialgeschichtliche Zusammenhänge in der Vergangenheit nur entdecken können, wer deren Bedeutung in seinem eigenen Lebensumfeld erkannt hat. Die jeweilige eigene Erfahrungswirklichkeit des Interpreten hat also eine unverzichtbare hermeneutische Funktion. Wir vermögen nur das zu erkennen, was mit unserer eigenen Weltwahrnehmung konform ist. Je weiter unser Gegenstand von uns zeitlich und bewusstseinsmäßig entfernt ist, umso größer wird die Gefahr, dass wir den Abstand nivellieren und die Differenz der Weltwahrnehmung, die uns von ihm trennt, ignorieren.

Diese Problematik macht sich bei jedem Versuch der historischen Annäherung an die Gestalt Jesu gesteigert bemerkbar. Die Quellen ermöglichen – wie im Folgenden zu zeigen sein wird – nur eine selektive Wahrnehmung, weil sie bereits durch bestimmte Sichtweisen geprägt sind. Es bleibt uns keine andere Wahl: Wir müssen versuchen, mit unseren aus eigener zeitgenössischer Weltwahrnehmung hervorgegangenen Kriterien an sie heranzugehen. Aber wir müssen zugleich diese Kriterien durch die Einsicht relativieren lassen, dass wir von der geistigen und kulturellen Welt Jesu durch einen kaum überbrückbaren Abstand getrennt sind und dass darum diese Kriterien ihrem Gegenstand nur begrenzt gerecht zu werden vermögen.

Die hier vorliegende Jesusdarstellung ist sich ihrer Bindung an eine durch ihren zeitgeschichtlichen Ursprungsort bedingte Erfahrungswirklichkeit und damit ihres selektiven, ausschnitthaften Charakters bewusst. Sie will lediglich das festhalten, was auf Grund historischer und methodischer Einsichten einerseits und zeitgenössischer Weltwahrnehmung andererseits am Beginn des dritten christlichen Jahrtausends über die rätselhafte Gestalt des Jesus von Nazaret mit einiger Zuversicht gesagt werden kann.

II. Die Quellen und ihre Auswertung

1. Zur Quellenlage. Die Quellen, die wir über Jesus besitzen, stammen so gut wie ausschließlich aus dem Kreis seiner Anhänger. Professionelle antike Geschichtsschreibung hat ihn ignoriert. Das ist keineswegs überraschend, war sie doch Geschichtsschreibung „von oben". Ihr Interesse galt den Herrschern und Mächtigen, deren Aufstieg und Niedergang, Kriegen und Eroberungen, sowie allenfalls noch den die hellenistisch-römische Kultur des Mittelmeerraumes prägenden Philosophen und Weisen. Die Geschichte Jesu hatte sich in Palästina abgespielt, in einem entlegenen Winkel des römischen Weltreiches also, der überdies als Randgebiet der antiken Kulturwelt galt, und seine Anhänger gehörten den unteren Volksschichten an, die an der geistig-literarischen Kultur ihrer Zeit kaum Anteil hatten.

Wenden wir uns nun zunächst den christlichen Zeugnissen zu, so ist vorweg auf zwei für sie charakteristische Eigenarten zu verweisen, denen bei der Auswertung Rechnung zu tragen ist.

Sie sind *erstens* durch den Glauben an Jesus geprägt. Jesus ist für sie nicht eine Gestalt der Vergangenheit, über die sich distanziert berichten ließe, sondern der von Gott aus dem Tod Auferweckte, der endzeitliche Heilsbringer. In dieser seiner einmaligen Besonderheit wollen sie ihn herausstellen, andere für den Glauben an ihn gewinnen oder die bereits Glaubenden in ihrem Verhältnis zu ihm bestärken. Die Wahrnehmung Jesu in den christlichen Quellen ist also selektiv.

Die christlichen Zeugnisse sind *zweitens* keine Primärzeugnisse. Sie entstammen einem Kulturkreis, in dem der Zugang zu Vergangenem wesentlich durch mündliche Überlieferung erfolgte. So wurde die Erinnerung an Jesus zunächst mündlich weitergegeben – durch seine Jünger, durch den weiteren Kreis von Anhängerinnen und Anhängern, durch die sich an verschiedenen Orten formierenden Gemeinden. Diese mündliche Überlieferung ist keineswegs wild gewuchert. Es dürfte sich vielmehr schon relativ früh ein festes Kontinuum gepflegter und kontrollierter Tradition herausgebildet haben. Immerhin ermöglichte diese Mündlichkeit eine gewisse Freiheit. Sie ließ Raum für erzählerische Ausschmückungen und Ergänzungen, für Steigerungen von Einzelzügen, in manchen Fällen auch für Übertragungen von Motiven, Worten und Erzählungen ursprünglich anderer Herkunft auf Jesus. Erst im Abstand mehrerer Jahrzehnte, als verschiedenartige äußere Gegebenheiten dazu nötigten, wurde die mündliche Überlieferung gesammelt und literarisch fixiert. In den so entstandenen literarischen Zeugnissen schimmert der mündliche Urgrund immer wieder durch.

2. *Die Briefe des Paulus.* Fragen wir nach den ältesten literarischen Erwähnungen Jesu, so stoßen wir auf die um ca. 50 n. Chr., also etwa 20 Jahre nach Jesu Tod verfassten Briefe des Paulus. Gleich am Anfang seines ältesten erhaltenen

Briefs, des ersten Briefs an die christliche Gemeinde in Thessaloniki, benennt er den „Herrn Jesus Christus" als Gegenstand christlicher Hoffnung und erinnert an seine Auferweckung von den Toten durch Gottes Handeln (1Thess 1,1–10). Dass dieser Jesus kein einer jenseitigen Welt zugehöriges mythisches Wesen ist, sondern dass sich mit ihm eine reale menschliche Geschichte verbindet, wird lediglich aus dem Hinweis auf seinen durch „die Juden" verursachten gewaltsamen Tod (1Thess 2,15) ersichtlich.

Im einige Jahre später entstandenen ersten Brief an die Gemeinde in Korinth erscheint Jesus zuallererst als Mitte und Bezugspunkt christlichen Glaubens. Und zwar beruft sich Paulus hier ausdrücklich auf eine der Gemeinde bereits bekannte Glaubensformel, die ohne Zweifel bereits auf ältere mündliche Überlieferung zurückgeht. Sie fasst das zusammen, was für die Gemeinden an Jesus wichtig ist, was schon darin zum Ausdruck kommt, dass an die Stelle seines menschlichen Namens der Titel „Christus" = der Gesalbte (Gottes), tritt, der seine Funktion als Heilsbringer übergreifend umschreibt:

> Christus ist gestorben für unsere Sünden, nach den Schriften,
> und begraben worden.
> Er ist auferweckt worden am dritten Tage, nach den Schriften,
> und Kefas erschienen, danach den Zwölfen. (1Kor 15,3–5).

Wichtig sind demnach nur zwei Ereignisse aus der Geschichte Jesu, die in antithetischer Zuordnung zueinander erscheinen. Das erste ist sein Tod, allerdings nicht als bloß referiertes geschichtliches Faktum, sondern als in seiner Heilsbedeutung hervorgehobenes Geschehen („für unsere Sünden", „nach den Schriften" [d.h. gemäß dem Zeugnis des Alten Testaments]). Das zweite besteht in den Erscheinungen des Auferstandenen vor seinen Jüngern. Sie werden mittels der andeutenden passivischen Formulierung auf ein Handeln Gottes an Jesus zurückgeführt und damit ebenfalls theologisch interpretiert.

Tod und Auferweckung – diese beiden Themen sind es, auf die sich die Aussagen des Paulus über Jesus auch sonst durchwegs konzentrieren. Dabei ist für ihn die Art und Weise dieses Todes besonders wichtig: Jesus ist am Kreuz hingerichtet worden. Er – der Sohn Gottes – hat den ehrlosen Tod eines aus der menschlichen Gesellschaft ausgestoßenen Verbrechers erlitten. Eben dies gibt seinem Sterben seine besondere Bedeutung (Gal 3,13; 1Kor 1,18–24). Paulus geht so weit, Jesus *als den Gekreuzigten* zum zentralen Inhalt seiner Verkündigung zu erklären: Er hat den Gemeinden „Jesus Christus als den Gekreuzigten vor Augen gemalt" (Gal 3,1). Die Auferweckung Jesu hingegen ist für Paulus schon insofern von besonderer Bedeutung, als er selbst zu den Augenzeugen des Auferstandenen gehört. Er war der letzte in der Reihe derer, die einer Erscheinung Jesu als des erhöhten Herrn gewürdigt worden sind (1Kor 15,8), und darauf, dass er „den Herrn gesehen" (1Kor 9,1) und von ihm als Apostel beauftragt worden ist, gründete er seine Autorität – nicht jedoch auf eine persönliche Kenntnis des vorösterlichen Jesus. Die nämlich hatte er wahrscheinlich auch nicht.

Lässt dies darauf schließen, dass Paulus und seine Gemeinden von Einzelheiten der Geschichte Jesu nichts wussten und dass die Jesusüberlieferung für sie keine Rolle spielte? Wohl kaum. Zwar nimmt er nur selten direkt Bezug auf die Jesusüberlieferung, aber die Stellen, an denen er es tut, sind von besonderem Gewicht. So zitiert er aus Anlass einer Diskussion in der Gemeinde von Korinth über die rechte Feier des Mahlgottesdienstes den dafür normgebenden Bericht über das letzte Mahl Jesu in der Nacht vor seinem Tod (1Kor 11,23–25) und leitet ihn mit den Worten ein:

> Ich selbst habe vom Herrn (als Überlieferung) empfangen, was ich euch auch überliefert habe: Der Herr Jesus, in der Nacht, in der er dahingegeben wurde, nahm das Brot...

Paulus setzt also voraus, dass die Gemeinde mit diesem für ihre Gottesdienstfeier zentralen Stück der Jesusüberlieferung vertraut ist. Und zwar handelt es sich nicht nur um eine isolierte, mehr oder weniger zufällige Reminiszenz, sondern – wie die Hinweise auf den Traditionsprozess („ich habe vom Herrn empfangen" – „ich habe euch überliefert") andeuten –

um ein innerhalb eines kontrollierten Überlieferungsvorganges weitergegebenes Stück. Aufschlussreich ist die in ihm enthaltene Zeitangabe „in der Nacht, in der er dahingegeben wurde", denn sie fixiert den Termin des Mahles Jesu auf den Beginn jener Ereignisse, die zu Jesu Tod führten. In solcher knappen Form war sie für die Gemeinde wohl nur unter der Voraussetzung verständlich, dass sie detaillierte Kenntnisse vom Ablauf der Leidensgeschichte Jesu hatte. Das deckt sich mit der Beobachtung, dass die Passionsgeschichte der ältesten Teil der erzählenden Jesusüberlieferung ist (vgl. S. 20).

Mehrfach nimmt Paulus in ethischen Erörterungen Bezug auf Worte Jesu. So zitiert er im Zusammenhang von Weisungen über das Verhalten zur Ehe Worte des „Herrn":

> Den Verheirateten befehle ich – (d. h.) nicht ich, sondern der Herr, dass sich die Frau vom Mann nicht trennen ... und der Mann die Frau nicht entlassen soll (1Kor 7,10f).

Jesu Worte sind also für Paulus absolut bindende Autorität. Darin unterscheiden sie sich von seinen eigenen Weisungen, die – wie er selbst betont – einen gewissen Diskussionsspielraum offen halten (1Kor 7,12). Das setzt voraus, dass er über eine feste Sammlung von Worten Jesu verfügte, die er selbst je nach Bedarf heranzog (vgl. 1Kor 9,14) und die auch in seinen Gemeinden so weit bekannt war, dass er ihnen gegenüber darauf Bezug nehmen konnte. Indizien sprechen dafür, dass diese Sammlung wenn nicht mit der Spruchquelle der Evangelien unmittelbar identisch, so doch zumindest eng mit ihr verwandt gewesen ist. So findet sich das von Paulus angeführte Wort Jesu gegen die Ehescheidung auch in der Logienquelle ([vgl. S. 18ff]; Lk 16,18/Mt 5,32).

Darüber hinaus hatte Paulus auch eine gewisse Grundkenntnis der Geschichte Jesu. Wenn er etwa davon spricht, dass Christus die Menschen „angenommen" hat, indem er „Diener der Beschnittenen" (d.h. der Juden) geworden ist (Röm 15,7), so dürfte er damit an das Wirken Jesu im jüdischen Volk denken und Jesus als den im Blick haben, dessen ganzes Leben im Zeichen dienenden Daseins für andere gestanden hat. Das entspricht genau dem Bild, das die Evangelien von ihm zeichnen (Mk 10,45; Lk 22,27).

3. *Die synoptischen Evangelien und ihre Quellen.* Jesusüberlieferung in ausführlicher, formal und inhaltlich ausgestalteter Form begegnet uns erstmals in den drei neutestamentlichen Evangelien nach Markus, Matthäus und Lukas. Man bezeichnet sie wegen ihres engen literarischen Zusammenhangs als die „synoptischen Evangelien". Die Beantwortung der Frage nach der literarischen Gattung dieser drei Schriften war für die Forschung nicht einfach. Unmittelbare Analogien zu diesen Evangelienschriften finden sich nämlich in der zeitgenössischen Literatur nicht. Es ist also anzunehmen, dass es sich bei ihnen um eine eigenständig im frühen Christentum entwickelte literarische Gattung handelt. Als deren originären Schöpfer dürfen wir den Verfasser des ältesten Evangeliums ansehen, den die altkirchliche Überlieferung Markus nennt. Matthäus und Lukas, die Verfasser der beiden anderen synoptischen Evangelien, haben Form und Stil seines Entwurfs weitgehend übernommen.

Klar ist zunächst: Diese Evangelienschriften sind engagierte Literatur. Ihr Thema ist das „Evangelium Jesu Christi" (Mk 1,1), d. h. die Heilsbotschaft, die Jesus, der Gesalbte Gottes (= Christus) in die Welt gebracht hat und die darüber hinaus in seiner Person und seinem Wirken Gestalt gewonnen hat. Sie berichten von Jesus also unter dem Vorzeichen der Verkündigung, sie haben – fachterminologisch gesprochen – *kerygmatische Intention.* Sie können und wollen nicht davon absehen, dass die Geschichte, die sie erzählen, insofern keine „normale" menschliche Geschichte ist, als an ihrem Ende die Auferweckung Jesu steht, jenes Handeln Gottes also, durch das Gott diese Geschichte ausdrücklich als entscheidenden Teil seiner eigenen Geschichte mit Welt und Menschen beglaubigt hat. Ihre Sicht auf Jesus ist also durch den Osterglauben bestimmt. Doch das ändert nichts an der Tatsache, dass es ihnen *auch* um das Erzählen vergangener Geschichte geht. Sie lassen sich nicht in eine Alternative zwischen *kerygmatischer* und *historischer* Intention einspannen. Der speziell in der deutschen Forschung jahrzehntelang bestimmende Trend, der den Evangelisten jedes historische Interesse absprach und darüber hinaus die Jesusüberlieferung überwiegend auf die produktive Kraft des Glaubens der Gemeinden der Frühzeit zurückführte, wurde in den letzten Jahrzehnten von einer ausgewogeneren Betrachtungsweise abgelöst. Sicher: die historische Intention steht im Dienst der kerygmatischen und ist von dieser gleichsam umgriffen; dennoch ist sie vorhanden und spürbar. Sie knüpft an das Interesse an, das in den Gemeinden an den Grunddaten der Geschichte Jesu – vorab seiner Leidensgeschichte – von Anfang an lebendig war. Nicht von ungefähr stehen die Evangelien formal der Gattung der antiken *Biografien* nahe. So rücken z. B. die Kaiserviten des römischen Historikers Suetonius biografische Einzelheiten aus dem Leben ihrer Helden durch ihre Erzählweise in das Licht bestimmter übergreifender Leitvorstellungen und Ideen. Das ist eine deutliche Parallele zu den synoptischen Evangelien.

Um deren Quellenwert genauer zu bestimmen, ist es nötig, das literarische Verhältnis, in dem sie zueinander stehen, zu klären. Dies war denn auch eine Aufgabe, die seit 200 Jahren vorrangig auf der Tagesordnung der Forschung gestanden hat. Viel Zeit und Energie wurden zu ihrer Lösung eingesetzt, subtile Methoden wurden speziell dafür entwickelt. Ein Erkenntnisschritt von fundamentaler Bedeutung, der bereits im 19. Jahrhundert erfolgte, war die Entwicklung der so genannten *Zweiquellentheorie*. Diese besagt: Die drei synoptischen Evangelien lassen sich vorwiegend auf zwei Quellenschriften zurückführen. Eine davon ist das *Markusevangelium*, die andere eine Sammlung von Worten (Logien oder Aussprüchen) Jesu, die man als *Logienquelle* bzw. Spruchquelle bezeichnete. Die beiden synoptischen Großevangelien (Matthäus und Lukas) haben demnach das Markusevangelium entweder in seiner uns heute vorliegenden Form oder (wofür manches spricht) in einer literarisch ursprünglicheren, etwas kürzeren Fassung (Ur-Markus) als Vorlage benutzt. Nicht nur in ihrer

Erzählabfolge, sondern auch in der Darbietung der meisten erzählerischen Materialien haben sie sich so eng Markus angeschlossen, dass man mit einigem Recht von erweiterten Neubearbeitungen sprechen kann. Für die meisten ihrer Erweiterungen und Ergänzungen haben sie auf die Logienquelle zurückgegriffen. Und zwar haben sie deren Materialien an unterschiedlichen Stellen in den Markusrahmen eingefügt. Lukas dürfte dabei weithin deren ursprüngliche Abfolge in der Logienquelle bewahrt haben. Matthäus ist hingegen sehr viel freier mit ihnen umgegangen. Er hat aus ihnen jene großen Redenblöcke gestaltet, die für sein Evangelium charakteristisch sind, so die Bergpredigt (Mt 5–7), die Jüngeraussendungsrede (Mt 10), die Gleichnisrede (Mt 13) und die eschatologische Rede (Mt 24–25). Über diese beiden Quellen hinaus sind in die beiden Großevangelien noch weitere Materialien eingegangen, die man als Sondergut des Matthäus bzw. Lukas bezeichnet und deren Herkunft umstritten ist. Besonders markante Sondergut-Überlieferungen sind zum Beispiel die Erzählungen über Geburt und Kindheit Jesu in Mt 1–2 und Lk 1–2 sowie eine Reihe bekannter Gleichnisse im Lukasevangelium (Lk 10,30–37; 12,1–21; 15,8–31; 16,1–8. 19–31; 18,9–14). Einiges davon mag den Evangelisten in Form schriftlicher Sammlungen vorgelegen haben. Das meiste dürften jedoch dem damals noch lebendigen Strom mündlicher Überlieferung entstammen. Manches – vor allem kürzere Verbindungs- und Übergangsstücke – haben die Evangelisten selbst verfasst.

Das besondere Interesse der Forschung gilt gegenwärtig der (üblicherweise mit dem Kürzel Q [= Quelle]) bezeichneten *Logienquelle*. Mit gutem Grund. Zwar ist sie insofern eine hypothetische Größe, als kein einziges schriftliches Exemplar von ihr auf uns gekommen ist. Aber die Gattung solcher Spruchsammlungen war im Frühjudentum so verbreitet, dass es nachgerade überraschend wäre, wenn es keine derartige Jesus gewidmete Sammlung gegeben hätte. Genaue vergleichende Analysen des Materials haben die Existenz dieser Quelle zur Gewissheit werden lassen. Ihr Aufriss und ihre literarische

Struktur konnten überzeugend rekonstruiert werden. Sogar ihre Entstehungsgeschichte ließ sich wenigstens teilweise einsichtig machen. Q dürfte nämlich aus kleineren Sammlungen heraus gewachsen sein. Die Annahme mehrerer Wachstumsschichten, für die verschiedene Trägerkreise verantwortlich waren, legt sich nahe.

Trotz mancher verbleibenden Unsicherheiten darf Q heute als eine erschlossene Größe gelten. Wir haben es mit der ältesten und zugleich wichtigsten Quelle für die *Verkündigung Jesu* zu tun. Viele Einzelbeobachtungen liefern plausible Argumente für die Datierung auf das Jahrzehnt zwischen 40 und 50. Q enthält fast nur Worte Jesu, z.B. Weisheitsworte, profetische und apokalyptische Worte, Gesetzesworte und Gemeinderegeln sowie Gleichnisse. Erzählerische Elemente fehlen nicht ganz: So dürfte am Anfang von Q ein Kurzbericht über Johannes den Täufer sowie über Taufe und Versuchung Jesu gestanden haben. Wichtiger noch ist die Beobachtung, dass in der Abfolge der Stoffe und der redaktionellen Gestaltung der Sammlung eine *biografische Tendenz* unverkennbar ist. Wir haben es also mit einer Vorform der Gattung „Evangeliumsschrift" zu tun. Man hat Q deshalb auch als „Halbevangelium" bezeichnet. Die Jesusüberlieferung drängte auf Grund ihrer Natur und ihres Gegenstandes gleichsam auf eine narrative Darstellung hin. Auf dem Hintergrund dieser Feststellung ist der Umstand um so überraschender, dass eben jenes Thema, das für das frühe Erzählen über Jesus nachweislich von besonderer Bedeutung gewesen ist, nämlich seine Passion, fehlt. Q enthält weder eine Leidensgeschichte, noch einen eindeutigen Hinweis auf Jesu Tod und dessen Deutung.

Auch Zweck und Funktion von Q konnten teilweise geklärt werden. Die Sammlung ist nämlich deutlich auf den Gebrauch durch einen bestimmten Trägerkreis hin konzipiert. Dabei wird man weniger an feste Ortsgemeinden (wie etwa die Urgemeinde in Jerusalem) als an einen Kreis nicht ortsfester, wandernder Jesusanhänger zu denken haben (G. Theißen). Q enthält nicht nur Material für die Verkündigung dieses Kreises, sondern auch Regeln für dessen praktische Lebensgestaltung. So fließt das Bild Jesu hier gleichsam hinüber in das Bild einer Gruppe von wandernden Charismatikern, die in nachösterlicher Zeit aus einer bleibenden Verbundenheit mit Jesus lebten und handelten. Nicht zuletzt auch wegen dieser Nähe zum ursprünglichen Milieu Jesu hat Q einen herausragenden Quellenwert.

Für Informationen über das *Wirken Jesu* und den äußeren Verlauf seiner Geschichte sind wir vorwiegend auf das *Markusevangelium* – die zweite Quelle der Zweiquellentheorie – angewiesen. Es enthält in erster Linie Erzählungen über Jesu Wirken und seine Taten. Dabei handelt es sich großenteils um mündlich überlieferte selbstständige Einzelerzählungen episodischen Charakters. Der Evangelist hat sie durch knappe, scharniergleiche Übergangsbemerkungen miteinander verbunden und in seinen Erzählungszusammenhang eingebaut. Daneben hat er aber auch auf ältere zusammenhängende Materialsammlungen und Erzählungskomplexe zurückgegriffen. Zu nennen sind hier zunächst die Sammlungen von Konfliktszenen (Mk 2,1–3,6), Gleichnissen (Mk 4,2–34) und apokalyptischem Material (Mk 13), die ihm wohl bereits in schriftlicher Form vorgelegen haben. Der bei weitem wichtigste und umfangreichste Komplex dieser Art ist jedoch die ausführliche Erzählung von den letzten Tagen Jesu in Jerusalem, seinem Leiden und Sterben (Mk 14,1–15,47). Markus hat diesen Passionsbericht in der Substanz unverändert übernommen und ihn lediglich – vor allem am Anfang (Mk 11,1–13,37) – unter Aufnahme weiterer Überlieferungsstücke ergänzt. Angesichts des Umstands, dass seine Erzählung bereits von der Mitte seines Buches (8,27) an auf die Passion hin orientiert ist, ist es keine Übertreibung, wenn man das Markusevangelium als „Passionsgeschichte mit ausführlicher Einleitung" beschrieben hat. Die Passionsgeschichte war jedenfalls der Überlieferungskomplex, um den herum und auf den hin Markus sein Buch komponiert hat. Er stellt so die Geschichte Jesu als auf sein Leiden und seinen Tod hin ausgerichtete Geschichte dar. Demgemäß setzt er mit dieser Geschichte erst da ein, wo diese Bewegung hin zur Passion beginnt, nämlich mit dem Bericht über die Begegnung Jesu mit Johannes dem Täufer, seine Taufe und dem Anfang seines öffentlichen Wirkens (Mk 1,1–15). Was vorher war, gehört für ihn nicht zum Thema dieser *auf das Kreuz hin ausgerichteten Biografie*.

Bei *Matthäus* und *Lukas* haben sich die Proportionen zwar durch die Rezeption der Logienquelle und die Hinzufügung der Geburts- und Kindheitsgeschichten verschoben. Gerade in den letzteren zeigt sich – besonders bei dem sich stärker an den Modellen zeitgenössischer Geschichtsschreibung orientierenden Lukas – die Tendenz zur Ausweitung des biografischen Anspruchs auf die gesamte Geschichte Jesu. Trotzdem bleibt auch hier die Passionsdarstellung Zielpunkt und Mitte.

Die synoptischen Evangelien sind durchweg jünger als Q. Markus dürfte sein Evangelium kurz vor der Zerstörung Jerusalems (70 n.Chr.) geschrieben haben. Für das Matthäusevangelium ist eine Entstehung zwischen 80 und 90, für das Lukasevangelium um 90 wahrscheinlich. Ist Q zeitlich noch dem Ausgang der ersten christlichen Generation zuzurechnen, so gehören Markus in die zweite, Matthäus und Lukas sogar in die dritte Generation. Schwerer als dieser zeitliche Abstand wiegt jedoch die situative Differenz. Alle drei synoptischen Evangelien sind nämlich im Milieu von festen Ortsgemeinden entstanden und interpretieren die Jesusgeschichte auf deren äußere und innere Situation hin. Daraus ergibt sich ein Wechsel der Blickrichtung gegenüber Q. Doch dieser wirkte sich in erster Linie auf die Gesamtentwürfe der Evangelisten aus. In den von ihnen aufgenommen Einzeltraditionen und älteren Sammlungen hat er weit geringere Spuren hinterlassen. Man wird also methodisch zu unterscheiden haben zwischen den Traditionen selbst und deren Verarbeitung durch die Evangelienverfasser.

4. *Das Johannesevangelium.* Von ganz anderer Art ist die vierte im Neuen Testament enthaltene Evangelienschrift, das Johannesevangelium. Zeitlich nur wenig später als die beiden synoptischen Großevangelien – nämlich um ca. 100 – entstanden, gründet es ebenfalls auf älteren Überlieferungen. Die-

se sind zum Teil gleicher Herkunft wie die der Synoptiker, zum Teil aber auch aus anderen – keineswegs minderwertigen – Quellen entnommen. In seiner Anlage entspricht es weithin den Synoptikern, vor allem in der starken Gewichtung der Passionserzählung, in der es jenen auch inhaltlich am nächsten kommt. Und doch unterscheidet es sich von ihnen grundlegend. Deren Bemühen um die Balance zwischen kerygmatischer und historiografischer Absicht findet hier keine Entsprechung. Kerygmatische Absicht beherrscht allein das Feld. Johannes stellt die Gestalt Jesu ebenso konsequent wie einseitig aus jener Perspektive dar, die nach urchristlicher Überzeugung den Glaubenden durch das nachösterliche Wirken des Heiligen Geistes erschlossen worden ist (Joh 2,22; 16,12f u.ö.). Er schildert Jesus als den Offenbarer, der den Menschen in offener Rede das Geheimnis seines Wesens und seiner Sendung erschließt. Die wenigen Berichte über Jesu Wirken stehen ganz im Schatten der zahlreichen Offenbarungsreden, deren einziges Thema Jesus selbst ist: das Geheimnis seiner Präexistenz, seine unmittelbare Gemeinschaft mit Gott (Joh 8,58) und die Begegnung des Menschen mit seinem Wort als abschließend und endgültig über Heil oder Unheil entscheidendes Geschehen (Joh 5,24–29). Das ist ein einseitig kerygmatisch überformtes Jesusbild, das sich weit von dem sehr viel ursprünglicheren der synoptischen Tradition entfernt. Von daher ist der Quellenwert des Johannesevangeliums für die Geschichte Jesu sehr viel niedriger als der der Synoptiker anzusetzen.

5. Außerkanonische christliche Quellen. Zu dem überlieferten Quellenmaterial gehören auch außerkanonische frühchristliche Schriften. Es handelt sich dabei im Wesentlichen um Evangelienschriften oder um dieser Gattung formal nahe stehende Texte, die bis in das dritte Jahrhundert hinein in verschiedenen christlichen Gruppen im Gebrauch standen, jedoch in die Vier-Evangelien-Sammlung, die – um die Mitte des zweiten Jahrhunderts entstanden – schon sehr bald alleinige Geltung beanspruchte, keinen Eingang fanden und in der

Folgezeit zunehmend verdrängt wurden. Lange hatte die Forschung diese Literatur mit negativen Pauschalurteilen als dürftig und durchweg legendenhaft abgewertet und darum kaum von ihr Kenntnis genommen. In jüngster Zeit hat sich das freilich geändert. Intensives Interesse wandte sich ihr zu, da man hoffte, aus ihr Material für die Rekonstruktion des historischen Bildes Jesu gewinnen zu können. Wie weit ist diese Hoffnung berechtigt?

Sie wird vorab dadurch eingegrenzt, dass von diesen außerkanonischen Evangelien nur kleine Bruchstücke auf uns gekommen sind. Vom Inhalt einiger von ihnen erfahren wir lediglich durch Zitate aus den Schriften der Kirchenväter. Zudem enthalten die meisten der überlieferten Fragmente nur Jesusworte und Jesuserzählungen, die wir aus den kanonischen Evangelien bereits kennen. Es findet sich nur wenig neues, unbekanntes Traditionsgut in ihnen. So besteht das seit 1935 bekannte so genannte *Egerton-Evangelium* (Papyrus Egerton 2) aus nur zweieinhalb stark beschädigten Papyrusblättern. Diese enthalten ein Streitgespräch Jesu über eine Gesetzesübertretung, eine Heilungsgeschichte sowie die Diskussion über die Steuerfrage (vgl Mk 12,13–17), also sämtliche Varianten bekannter Evangelienberichte. Neu, weil anderweitig nicht belegt, ist lediglich eine Erzählung über ein Jesuswunder am Jordan, deren Text aber stark zerstört ist. Vom so genannten *Petrusevangelium* existierten nur einige wenige Fragmente, deren größtes und wichtigstes einen Passionsbericht enthält. Dieser ist zwar als Beleg für die Entwicklung und Ausgestaltung der Passionstradition in Syrien, dem Abfassungsort des Evangeliums, aufschlussreich, doch bietet er keine über die synoptischen Passionserzählungen hinausgehenden Sachinformationen.

Größere Aufmerksamkeit – auch einer weiteren Öffentlichkeit – zog nach 1970 das so genannte *Geheime Markusevangelium* auf sich. Ein Stück aus ihm wurde 1958 in der Abschrift eines Briefes des Klemens von Alexandria († ca. 221 n. Chr.) entdeckt, die im Sabaskloster in der Nähe von Jerusalem aufbewahrt war. In ihm zitiert Klemens aus einer

„geheimen" Fassung des Markusevangeliums, die gegenüber der im Neuen Testament vorhandenen länger ist. Das aufgefundene Fragment bietet (im Anschluss an Mk 10,34) eine Erzählung über die Auferweckung eines Jünglings durch Jesus aus einem Grab in Betanien, die zweifellos eine Variante zu der Auferweckung des Lazarus (Joh 11) ist. Vor allem ihr Abschluss gab Anlass zu heftigen Diskussionen, nicht zuletzt wegen seiner homoerotischen Untertöne:

> und am Abend kommt der Jüngling zu ihm, nur mit einem Hemd auf dem bloßen Leibe bekleidet. Und er blieb bei ihm jene Nacht; denn es lehrte ihn Jesus das Geheimnis des Reiches Gottes ...

Handelt es sich hier um alte, ein authentisches Bild Jesu wiedergebende Tradition? Das meinte zwar der Entdecker des Textfragments (M. Smith), und einige Forscher gingen noch weiter, indem sie das Geheime Markusevangelium zu einer urtümlicheren Vorstufe des kanonischen Markusevangeliums erklärten. Nähere Untersuchungen machten jedoch den umgekehrten Sachverhalt wahrscheinlich: Wir haben es bei ihm mit einer im zweiten Jahrhundert entstandenen Überarbeitung des kanonischen Markusevangeliums zu tun, die in Kreisen der in Alexandria beheimateten christlich-gnostischen Sondergruppe der Karpokratianer entstanden ist. Deren Vorstellungen und liturgische Praktiken (so der Brauch einer nächtlichen Nackttaufe) sind in den Text des Fragments eingegangen.

Von ungleich größerer Bedeutung als die genannten Evangelien ist das in koptischer Sprache verfasste so genannte *Thomasevangelium*. Es wurde 1945 unter den Schriften einer christlich-gnostischen Bibliothek in Nag Hammadi in Oberägypten entdeckt und ist neben den Qumrân-Schriften der für die Bibelwissenschaft wichtigste Fund des letzten Jahrhunderts. Es handelt sich um eine Sammlung von 144 Logien Jesu, die jeweils eingeleitet werden durch die Wendung „Jesus sprach". Insofern stellt es in formaler Hinsicht eine Parallele zur Logienquelle Q dar und liefert so gewissermaßen nachträglich die Bestätigung der für die Rekonstruktion von Q maßgeblichen Hypothese der Existenz jesuanischer Logiensammlungen. Und doch bestehen zu Q erhebliche Unterschiede. Während in Q die Logien zu thematischen Blöcken zusammengefasst sind, stehen sie hier thematisch unverbunden nebeneinander. Völlig anders sind vor allem Begriffssprache und Gedankenwelt. Ähnlich wie im Johannesevangelium erscheint Jesus im Thomasevangelium als Bringer einer geheimen Offenbarung. Und zwar ist diese stark gnostisch eingefärbt.

Die Urteile über die Bedeutung des Thomasevangeliums und das Alter der in ihm enthaltenen Jesusüberlieferung gehen weit auseinander. Während manche Forscher nach wie vor der Meinung sind, es sei von den kanonischen Evangelien abhängig und darum ohne eigenen Quellenwert, gewinnt gegenwärtig eine differenziertere Einschätzung an Boden. Dafür gibt es gute Gründe. Einer davon ist das Alter. Indizien sprechen für seine Entstehung noch vor dem Ende des ersten Jahrhunderts in Syrien. Die Reihung der Logien erweist sich als unabhängig nicht nur von Q, sondern von der gesamten synoptischen Tradition. Vor allem aber lässt sich kaum bestreiten, dass es zumindest einige Logien in einer ursprünglicheren Fassung bietet als diese.

Dafür nur ein Beispiel. In ThEv 31 lesen wir:

> Nicht ist willkommen ein Profet in seiner Heimat, noch vollbringt ein Arzt Heilungen an denen, die ihn kennen.

Das Markusevangelium enthält eine Erzählung über Jesu Auftreten in seiner Heimatstadt Nazaret (Mk 6,1–6). Dort heißt es:

> Der Profet wird nicht verachtet, außer in seinem Heimatort und bei seinen Verwandten und in seinem Haus. Und er konnte dort keine Wunder wirken.

Zweifellos gehen beide Überlieferungen auf dieselbe Wurzel zurück. Die erste kann aber schwerlich als Kurzfassung aus der zweiten entstanden sein. Zu den Gesetzmäßigkeiten der Überlieferung gehört es, dass ursprünglich isolierte Logien häufig in einen auf sie hin konstruierten erzählerischen Rahmen eingebettet werden. Das Umgekehrte ist jedoch nie der Fall. So dürfte – wie weitere Detailbeobachtungen bestätigen könnten – die Nazaret-Szene in Mk 6 sekundär aus dem im Thomasevangelium vorliegenden Logion entwickelt worden sein.

Eigenartig ist auch die Christologie des Thomasevangeliums. Es enthält, obwohl es eine hohe Christologie vertritt, im Unterschied zu den Synoptikern keine christologischen Titel. Ob Jesus selbst solche Bezeichnungen bzw. Titel gebraucht und auf sich angewandt hat, ist in der neueren Forschung zusehends fraglich geworden. Von daher liegt die Vermutung, das Thomasevangelium sei in dieser Sache dichter an der historischen Realität geblieben als die synoptische Tradition, durchaus nahe.

Insgesamt lässt sich heute mit einiger Zuversicht sagen, dass das Thomasevangelium mindestens teilweise alte Traditionen bewahrt hat, die unter starkem Authentizitätsverdacht stehen und einen autonomen Überlieferungsstrang neben der synoptischen Tradition repräsentieren dürften.

Darf man über diese relativ zurückhaltende Sicht noch hinausgehen? Eine Richtung US-amerikanische Forscher tut dies. Sie bezeichnet programmatisch das Thomasevangelium als „fünftes Evangelium", das nicht nur neben, sondern letztlich über die vier kanonischen Evangelien zu stellen sei. Dessen älteste Schicht wird von ihr – zusammen mit der Grundschicht von Q – für die älteste Überlieferung von Jesus gehalten. Daraus, dass im Thomasevangelium apokalyptische Elemente völlig fehlen und stattdessen ein weisheitlicher Stil vorherrscht, werden weitreichende Folgerungen gezogen: Der historische Jesus sei gleichsam „apokalyptikfrei" gewesen; apokalyptische Motive seien ihm erst im Verlauf des Überlieferungsprozesses untergeschoben worden.

Auf die Folgen dieser im Bereich der Quellenanalyse vollzogenen Weichenstellung für das Gesamtverständnis Jesu wird noch zurückzukommen sein (vgl. S. 78ff). Hier sei nur festgestellt: Diese Weichenstellung ist keineswegs plausibel. Sie vernachlässigt die nahe liegende Frage, ob nicht das Fehlen apokalyptischer Elemente im Thomasevangelium eine Folge von dessen gnostisierender Theologie sein könnte. Allgemein hat nämlich die Gnosis apokalyptische Motive und Denkformen verdrängt. Viele Beobachtungen sprechen dafür, dass wir in der synoptischen Tradition die authentische Stimme Jesu weit deutlicher zu Gehör bekommen, als im Thomasevangelium, wo sie so stark von gnostischen Motiven überformt wird, dass sie allenfalls noch in Brechungen hörbar bleibt.

Als Fazit des Ausblicks auf die außerkanonische christliche Jesusüberlieferung ergibt sich: Deren Hauptbedeutung liegt darin, dass sie unsere Kenntnisse über die Abläufe frühchristlicher Überlieferungsprozesse verbreitert. Ihr direkter Ertrag für unsere Kenntnis Jesu bleibt jedoch gering.

6. Jüdische Quellen. Die wohl bedeutendste, zugleich aber umstrittenste nichtchristliche Quelle ist der Bericht des jüdischen Historikers Flavius Josephus (geb. 37/38 n.Chr.) über Jesus in seinen „Jüdischen Altertümern" (Ant. 18,63f). In seiner vorliegenden Form weist er zweifellos christliche Einschübe auf. Der Versuch, diese durch kritische Analyse auszuscheiden, darf trotz mancher verbleibender Unsicherheiten im Großen und Ganzen als gelungen gelten. Nach der Rekonstruktion des jüdischen Forschers Geza Vermes ergibt sich die folgende Urgestalt:

> Um diese Zeit lebte Jesus, ein weiser Mann. Er war nämlich der Vollbringer ganz unglaublicher Taten und der Lehrer aller Menschen, die mit Freuden die Wahrheit aufnehmen. So zog er viele Juden und auch viele Heiden an sich. Er wurde der Christus genannt. Und obgleich ihn Pilatus auf Betreiben der Vornehmsten unseres Volkes zum Kreuzestod verurteilte, wurden doch seine früheren Anhänger ihm nicht untreu. Und noch bis auf den heutigen Tag besteht das Volk der Christen, die sich nach ihm nennen, fort.

Gerade der letzte Satz zeigt: Josephus schildert Jesus unter dem Aspekt seiner Wirkung, die er auf zwei Faktoren zurückführt, nämlich seine Staunen erregenden Taten und seine Lehre. Er gehört für ihn zu jenen Gestalten des zeitgenössischen

Judentums, die Anhänger um sich sammelten und schulbildend wirkten. Aufschlussreich ist vor allem die wohlwollende Betonung der universalen, sich an alle Menschen richtenden Wahrheit, die Jesus gelehrt habe. Das ist eine deutliche Analogie zu dem von Josephus gezeichneten Bild Johannes' des Täufers als eines Weisen und der Gemeinschaft der Essener als einer Philosophenschule. Die Absicht einer Annäherung an Ideale der damaligen hellenistischen Kultur ist deutlich: Josephus will die Weltläufigkeit des Judentums demonstrieren. Hinter der viel umrätselten Bemerkung, Jesus habe „auch viele Heiden" an sich gezogen, dürfte wohl der Umstand stehen, dass der jüdische Historiker bereits von der Existenz von Heidenchristen wusste. Es gab ja gerade in Rom zu der Zeit, als er dort lebte und schrieb, nach allem, was wir wissen, nicht wenige Christen mit nicht-jüdischem Hintergrund. Beachtlich ist aber vor allem die relativ breite Erwähnung des Todes Jesu und seiner näheren Umstände. Sie spiegelt die außerordentlich große Bedeutung dieses Ereignisses für die Anhänger Jesu wider und bestätigt so Alter und Gewicht der Passionsüberlieferung.

Schließlich berichtet Josephus noch an einer anderen Stelle (Ant. 20,200) von der Verfolgung und Steinigung des Jakobus in Jerusalem wegen Gesetzesübertretung durch das Synhedrion im Jahr 62, wobei er Jakobus ausdrücklich als „Bruder Jesu, der Christus genannt wird", identifiziert. Das ist insofern aufschlussreich, als es bestätigt, dass Jesus im palästinischen Judentum in den Jahren vor dem Jüdischen Krieg weiterhin eine bekannte Größe war und man sich an ihn als den erinnerte, der für seine Anhänger als „der Gesalbte" galt.

Die Traditionsliteratur des rabbinischen Judentums erwähnt Jesus nur ganz selten und – im Unterschied zu dem distanziert-wohlwollenden Josephus – ausschließlich als Gegenstand schroffer Polemik. Dafür, dass diese Ablehnung sich auf authentische Kenntnisse von Jesu Botschaft und Wirken gründen könnte, gibt es keinerlei Anhaltspunkte. Alles spricht vielmehr dafür, dass dabei Motive und Erfahrungen, die in den Auseinandersetzungen zwischen Christen und Juden nach dem Auseinandergehen der Wege beider im zweiten Jahrhundert eine Rolle spielten, auf Jesus zurückprojiziert wurden – so etwa, wenn der Vorwurf, Jesus habe Israel zum Götzendienst verführt und abtrünnig gemacht, erhoben wird. Interessant ist, dass auch hier immer wieder auf das Todesurteil gegen Jesus und die Umstände seiner Hinrichtung Bezug genommen wird, so z.B. in einem um 200 entstandenen Text des Babylonischen Talmuds (Sanhedrin 43a), wo es heißt, Jesus sei, nachdem auf die vierzig Tage lang ergangene Ankündigung durch einen Herold hin niemand etwas zu seiner Verteidigung hatte vorbringen können, am Vorabend des Pessachfestes wegen Zauberei und Volksverführung gesteinigt und sein Leichnam danach aufgehängt worden. Diese apologetisch gefärbte, in krassem Widerspruch zu allen übrigen Zeugnissen über den Tod Jesu stehende Darstellung ist zwar ohne jeden direkten Geschichtswert, sie lässt jedoch die zentrale Rolle erkennen, die das Passionsthema in den frühen Auseinandersetzungen zwischen Juden und Christusgläubigen gespielt hat.

7. Römische Historiker. Für Suetonius und Tacitus, denen wir detaillierte, auf Studien offizieller Quellen gegründete Darstellungen der frühen Kaiserzeit verdanken, lag Jesus selbst außerhalb des Gesichtsfeldes. Die beiläufigen Erwähnungen, die sie ihm widmen, sind allenfalls ein indirektes, mehrfach gebrochenes Echo auf seine Erscheinung.

So kommt Suetonius (70–ca.130) in seiner Biografie des Kaisers Claudius (51–54) auf dessen Verhalten gegenüber den Juden zu sprechen und erwähnt dabei einen hervorstechenden Vorfall:

> Die Juden, die von Chrestus aufgehetzt, fortwährend Unruhen anzettelten, vertrieb er aus Rom.

Diese Notiz wird durch die Apostelgeschichte (18,2) zwar in ihrem historischen Grundgehalt insofern bestätigt, als sie davon berichtet, dass Aquila und Priszilla, ein judenchristliches Ehepaar, infolge einer Anordnung des Kaisers Claudius, durch die die Juden aus Rom vertrieben wurden, nach Korinth gekommen seien. Aber hinsichtlich der näheren Zusammenhänge zeigt sich Suetonius völlig uninformiert. Erstens nämlich hält er „Chrestus" für einen unter den römischen Juden wirkenden Aufrührer, wobei er zweitens den Christustitel mit dem damals vor allem unter Sklaven häufigen Eigennamen „Chrestus" (= „der Nützliche, Tüchtige") verwechselt. Ein doppeltes, nahezu groteskes Missverständnis also! Hier genauer zu recherchieren war dem aristokratischen Verfasser bezeichnenderweise nicht der Mühe wert.

Etwas genauer verfährt Tacitus (55/56 – ca. 120), der in seiner – übrigens durchaus kritischen – Biografie des Kaisers Nero auf die Ursache des Brandes Roms (64 n. Chr.) eingeht. Nero hatte die Brandstiftung den Christen („Chrestianer") fälschlich in die Schuhe geschoben:

> Der Mann, von dem sich dieser Name herleitet, Christus, war unter der Herrschaft des Tiberius auf Veranlassung des Prokurators Pontius Pilatus hingerichtet worden; und für den Augenblick unterdrückt, brach der unheilvolle Aberglaube wieder hervor, nicht nur in Judäa, dem Ursprungsland dieses Übels, sondern auch in Rom, wo aus der ganzen Welt alle Greuel und Scheußlichkeiten zusammenströmen und gefeiert werden (Annales 15,44,13).

Tacitus wusste also von der Hinrichtung Jesu. Er wusste ferner vom Ursprung des christlichen Glaubens in Judäa. Aber als Historiker interessierten ihn allenfalls dessen Auswirkungen in Rom, wobei er ohne zu zögern das verächtliche Urteil der hauptstädtischen aristokratischen Kreise, denen er angehörte, übernahm, dass es sich um einen „verderblichen Aberglauben" handelte. Dass die Beschuldigung falsch war und dass in Wirklichkeit Nero selbst den Brand gelegt hatte, wusste er zwar, aber er sah sich dadurch nicht zu einer Revision des negativen Urteils über die Christen veranlasst. Er ließ – im Gegenteil – durchblicken, dass man ihnen die Brandstiftung durchaus hätte zutrauen können, seien sie doch grundsätzlich des „Hasses gegen das Menschengeschlecht" schuldig (Annales 15,44,4). Auf diesen Ton ist letztlich auch die ausdrückliche Erwähnung der Verurteilung und Hinrichtung Jesu durch Pilatus gestimmt, soll sie doch verdeutlichen: Bereits der Urheber dieser obskuren, aus dem Osten nach Rom eingedrungenen religiösen Bewegung war ein Krimineller.

Das unmittelbare Faktenzeugnis der beiden römischen Historiker beschränkt sich letztlich auf einen – allerdings wichtigen – Themenkomplex: die Präsenz der Christusanhänger in Rom. Aufgebrochen war die aus Judäa stammende Bewegung, die sich auf einen dort hingerichteten Juden berief, zunächst in der starken jüdischen Bevölkerungsgruppe der Welthauptstadt und hatte dort für Auseinandersetzungen und Unruhe gesorgt. Die behördliche Zwangsmaßnahme der Vertreibung der Christusanhänger unter Claudius (ca. 50) konnte ihr kein Ende auf die Dauer machen. Im Gegenteil: Bereits ein Jahrzehnt später, unter Nero, waren die Christusanhänger erneut präsent – und zwar als eine stärkere, von einer weiteren Öffentlichkeit wahrnehmbare Gruppe, die nun anscheinend über den Kreis der Juden hinausreichte und deren Präsenz pogromartige Maßnahmen provozierte. Das deckt sich völlig mit dem Bild der inneren Situation der Christen in Rom, das wir aus dem um die Mitte der fünfziger Jahre geschriebenen Römerbrief des Paulus gewinnen.

So bescheiden die Zeugnisse der beiden römischen Historiker auch sind – sie nehmen den immer wieder angestellten Versuchen, die Geschichtlichkeit der Person Jesu zu bestreiten und das Zeugnis der neutestamentlichen Schriften im Bereich der Fiktionalität anzusiedeln, den Wind aus den Segeln, indem sie die Existenz der christlichen Bewegung in Rom bereits wenige Jahrzehnte nach ihrem Ursprung belegen und deren Bezug auf eine konkrete geschichtliche Gestalt herausstellen. Denn die Möglichkeit, dass diese Zeugnisse spätere Zusätze von der Hand christlicher Bearbeiter sein könnten, kann schon wegen ihres negativen Grundtenors als ausgeschlossen gelten.

III. Das geschichtliche Umfeld

1. Das zeitgenössische Judentum als Bezugsrahmen. Jesus war ein galiläischer Jude. Er hatte Anteil an einem ganz spezifisch geprägten kulturellen und geistigen Milieu. Seine Erscheinung lässt sich deshalb nur erfassen, wenn man diesen Hintergrund mit einbezieht. Allzu lang hat die Forschung das zu wenig berücksichtigt. In ihrem Blickfeld war zuallererst das Besondere, Einmalige und Unvergleichliche an Jesus. Dafür waren keineswegs traditionelle dogmatisch gelenkte Motivationen maßgeblich. Auch der vom deutschen Idealismus geprägte Persönlichkeitskult des 19. und frühen 20. Jahrhunderts förderte die Neigung, Jesus ausschließlich als originale, eigenständige, alles aus unableitbaren eigenen Voraussetzungen schöpfende Gestalt zu sehen. Und sogar die neuere kritische Forschung mit ihren hoch entwickelten Methoden der Unterscheidung zwischen authentischer und nicht-authentischer Überlieferung blieb – wenn auch eher unbewusst – im Banne dieser Neigung, wenn sie sich durch das so genannte *Unähnlichkeitskriterium* leiten ließ: Als eindeutig „echt" galten demnach nur jene Elemente der Jesusüberlieferung, die mehr oder weniger aus dem Rahmen des zeitgenössischen Judentums (oder dem, was man dafür hielt) herausfielen. Das Resultat war ein vom Judentum gelöster Jesus, und damit eine zeit- und ortlose Kunstfigur.

Erst in jüngster Zeit ist die Jesusforschung aus dieser Engführung ausgebrochen. Ein wesentlicher Grund dafür war die Vertiefung der Kenntnisse des zeitgenössischen Judentums. Wir wissen heute, dass das Judentum sehr viel facettenreicher war, als es die vom 2. Jahrhundert an entstandene Tradition des rabbinischen Judentums, die ihren Niederschlag in Mischna und Talmud gefunden hat, vermuten lässt. Die Grenze zwischen „Jüdischem" und „Nicht-Jüdischem" schiebt sich so im Blick auf die Jesusüberlieferung sehr viel weiter hinaus. Vor allem aber wurde deutlich: Das Reden und Handeln Jesu war unmittelbar auf die Welt des zeitgenössischen Judentums bezogen. Ihr gehörten die Menschen an, an die er sich wandte und denen er sich verständlich zu machen suchte. Die konkrete Situation jüdischer Menschen seiner Zeit spiegelt sich in der Jesusüberlieferung wider. Es ist dies eine Situation der politischen, kulturellen und religiösen Krise, wobei diese drei Aspekte – wie überall in der antiken Welt – unmittelbar zusammenhingen.

2. *Die politische Lage Palästinas zur Zeit Jesu.* Nicht erst heute ist das Land, das die Römer „Palästina" nannten und das die Heimat des jüdischen Volkes war, ein Wetterwinkel der Weltpolitik. Schon in der Antike prallten dort, am Verbindungsscharnier zwischen Kleinasien, Ägypten und dem Vorderen Orient, die Interessen der großen Weltmächte aufeinander, und das kleine jüdische Staatswesen stand immer wieder vor der Herausforderung, gegenüber den es umgebenden politischen Giganten seine Eigenständigkeit zu behaupten. Grundlegend für die äußere Situation der Juden zur Zeit Jesu waren zwei für die gesamte Region entscheidende Ereignisse.

Das frühere von beiden war der Versuch des hellenistischen Seleukidenreiches, dessen Zentrum in Syrien war, Judäa samt seiner Hauptstadt Jerusalem seinem Territorium einzufügen und es vor allem kulturell und religiös gleichzuschalten. Das Jahr 167 v. Chr., in dem der Seleukidenherrscher Antiochus IV. Epiphanes den Befehl zur Aufrichtung eines Standbildes des Zeus Olympios im Jerusalemer Tempel gab, wurde für die Juden zum Schicksalsjahr. Getragen von den konservativen Kräften der Landbevölkerung, vor allem von deren priesterlichen Kreisen, brach eine Aufstandsbewegung los, der sogenannte Makkabäeraufstand, der – begünstigt durch momentane weltpolitische Konstellationen – zum Erfolg führte. Noch einmal gelang es, die staatliche Unabhängigkeit Judäas herzustellen, den Kult im Jerusalemer Heiligtum wieder einzurichten und den übermächtigen Einfluss der hellenistischen Weltkultur wenn nicht auszuschalten, so doch einzudämmen.

Trotzdem hatte dieses Ereignis eine traumatisierende Wirkung. Es bewirkte eine verstärkte Rückbesinnung des Judentums auf seine eigenen religiösen Traditionen und die für seine Identität bestimmenden Faktoren: Tempelkult, Gesetz und Sabbat. Die gesteigerte Bedeutung des Kultes fand in der Schaffung eines Priesterkönigtums seinen Ausdruck. Kreise und Gruppen entstanden, die sich darum mühten, alle Bereiche des alltäglichen Lebens vom überlieferten biblischen Gesetz (= der Tora) her zu gestalten. Die Einhaltung des Sabbats wurde mehr noch als bisher zum demonstrativen Bekenntnisakt. Ganz allgemein wuchs die Bereitschaft, durch die Treue zur eigenen Religion bewusst eine Außenseiterrolle in der hellenistischen Welt einzunehmen und sich deren religiösen Verschmelzungs- und Nivellierungstendenzen zu widersetzen.

Die Periode politischer Unabhängigkeit dauerte nicht lang. Sie fand schon im Jahr 63 v. Chr., dem zweiten Schicksalsjahr der Juden, ihr Ende. Damals nämlich trat Rom als Hegemonialmacht des östlichen Mittelmeerraumes auf den Plan. Dem Feldherrn Pompejus gelang die Unterwerfung des Seleukidenreiches in Syrien sowie Palästinas. Als er am *Jom Kippur*, dem Großen Versöhnungstag, den Jerusalemer Tempel betrat, war der Übergang Judäas in den Machtbereich des römischen Imperiums besiegelt. Es wurde nun wieder zum kleinen Tempelland, das der römischen Provinz Syrien als Annex zugeordnet war.

Freilich übte Rom seine Macht zunächst für etwa sieben Jahrzehnte nur indirekt aus, und zwar durch die Dynastie der Herodianer. Diese gehörte dem im südlichen Judäa ansässigen Stamm der Idumäer an, der damals als außerhalb der Gemeinschaft Israels stehend galt. Antipater, der Stammvater der Dynastie, hatte die Gunst Cäsars gewonnen und war von ihm 47 v. Chr. zum Prokurator über Palästina ernannt worden. Sein Sohn Herodes der Ältere (auch „der Große" genannt) stieg auf Grund der Gunst Roms zum König über Judäa, Samaria Galiläa und weite Teile des Ostjordanlandes auf. Seiner Herrschaft (37–4 v. Chr.) unterstand also ein relativ großes Territorium, das letztmalig nicht nur alle jüdischen Siedlungsgebiete, sondern darüber hinaus ganz Palästina umfasste.

Kennzeichnend für diese Herrschaft war eine ungewöhnliche kulturelle Ambivalenz. Auf der einen Seite betrieb Herodes mit Nachdruck eine Öffnung Palästinas für die hellenistische Weltkultur. Als symptomatisch für diese Neigung mag schon sein griechischer Name Herodes (= der Heldenhafte) gelten. Überall in seinem Territorium gründete er hellenistische Städte, die in ihrer Anlage dem universalen Modell griechisch-römischer Stadtkultur folgten und teilweise nach seinen kaiserlichen Gönnern benannt waren (Sebaste, Cäsarea). In ihnen standen Tempel für die griechisch-römischen Gottheiten, deren imposante Ruinen noch heute besichtigt werden können. In diesen Städten sammelten sich griechischsprachige Menschen aus allen Gegenden des Imperiums. Der Drang nach Weltgeltung spiegelte sich vor allem in der – nachgerade manischen – Bauwut des Herodes, für die sich ein Vergleich mit der des Bayerischen „Märchenkönigs" Ludwig II. nahe legt. Überall im Land errichtete er riesig dimensionierte Burgen und Paläste, in denen alle Ideale zeitgenössischen imperialen Bauens verwirklicht waren und die in einem geradezu grotesken Missverhältnis zu Bedeutung und Wirtschaftskraft des Landes standen.

Dieser forcierten Annäherung an die hellenistische Weltkultur stand auf der anderen Seite eine demonstrative Anbiederung an die lokale jüdische Kultur und Religion gegenüber. Herodes gelang es, Teile der Jerusalemer Priesterschaft auf seine Seite zu ziehen. Vor allem machten seine großzügigen Maßnahmen zur Neugestaltung Jerusalems und seines Tempels auf die Juden Eindruck. Der von ihm begonnene Neubau des Heiligtums, der unter sorgfältiger Beachtung kultischer Traditionen und ritueller Erfordernisse erfolgte, sollte dieses den hellenistischen Monumentalbauten seiner Zeit auch äußerlich gleichrangig an die Seite stellen. Die bis heute erhaltenen Gewölbeunterbauten sowie die aus gewaltigen Sandsteinquadern gefügte Westmauer vermitteln über die Jahrhunderte hinweg einen Eindruck von der Größe des Projekts, dessen Durchführung auf Jahrzehnte berechnet war. Zur Zeit Jesu war der neue Tempel noch im Bau (Joh 2,20); fertig gestellt wurde er nie.

Trotz dieser Maßnahmen begegnete die Mehrheit der Juden dem König und seiner äußerlich ebenso glanzvollen wie erfolgreichen Herrschaft mit Ablehnung. In ihren Augen war er, obwohl Sohn einer jüdischen Mutter, doch Glied einer Familie, deren fremdstämmige Herkunft durch ihre unjüdische Lebensweise unterstrichen wurde. Hass zog er sich vor allem zu auf Grund seiner brutalen Unterdrückungsmethoden und der kriminellen Gewalt, mittels derer er sich möglicher Konkurrenten um die Macht – auch und gerade innerhalb seiner eigenen Familie – entledigte: Sieben seiner Söhne (aus insgesamt zehn Ehen) ließ er ermorden! Das negative Bild des Königs hat sich im Bewusstsein des Volkes tief eingegraben. Die Erzählung vom betlehemitischen Kindermord (Mt 2) hält – wenn auch in der Form einer ungeschichtlichen Legende – markante Züge seiner Persönlichkeit fest: seine populistischen Versuche einer Annäherung an das Judentum, seinen pathologischen Verfolgungswahn und seine Brutalität.

In der Epoche zwischen dem Tod Herodes' des Großen und der Katastrophe Jerusalems (70) machte sich die römische Herrschaft immer bedrängender bemerkbar. Das galt vor allem für Judäa, das jüdische Kernland. Dort trat zunächst der Herodessohn Archelaos, gestützt auf das Heer seines Vaters, die Herrschaft an. Doch sie währte nicht lang. Bereits 6 n. Chr. setzten ihn die Römer ab und verbannten ihn nach Gallien. Judäa wurde nun in eine römische Provinz umgewandelt und unter die Verwaltungshoheit der Provinz Syrien gestellt, später dann sogar mit dieser verschmolzen. Oberherr war der Caesar Augustus, der seine Herrschaft durch den Statthalter Quirinius ausübte. Mit diesem Übergang dürfte wohl auch die Verwaltungsmaßnahme eines Zensus zur Steuerveranlagung zusammengehangen haben. Dieser Zensus hat sich als deutliche Demonstration der nun einsetzenden Fremdherrschaft dem kollektiven Gedächtnis eingeprägt, wie seine Erwähnung in Lk 2,1ff zeigt. Seine Verbindung mit den Umständen der Geburt Jesu dürfte freilich ungeschichtlich sein.

Die römischen Präfekten residierten in der hellenistischen Stadt Cäsarea am Meer. Dadurch wurde schon äußerlich die

Bedeutung Jerusalems herabgemindert. Die heilige Stadt blieb nach wie vor Sitz der jüdischen Oberbehörde, des Synhedrions, das Kompetenzen in der Rechtsprechung – wenn auch in eingeschränktem Maße – behielt. Jedenfalls hatten die Präfekten auf die Verhältnisse in Jerusalem ein strenges Auge; sie ernannten und entließen Hohepriester je nach Gutdünken. Einer der Präfekten, Pontius Pilatus (26–36), hat seine unmittelbaren Spuren in den Passionsberichten der Evangelien hinterlassen, sein Name ist im ältesten Bestand der Jesusüberlieferung (und darüber hinaus im christlichen Glaubensbekenntnis) fest verwurzelt. Während seiner Amtszeit ist der jüdische Widerstand gegen die römische Herrschaft bedrohlich angewachsen. Es war eine Krisenzeit, in der sich Pilatus zu einem Krisenmanagement in aller Härte herausgefordert sah. In diesem Kontext wird man auch sein Verhalten im Prozess Jesu zu sehen haben.

Anders waren die politischen Verhältnisse in Galiläa, der Heimat Jesu und dem Hauptbereich seines Wirkens. Hier blieb die herodianische Dynastie an der Macht. Der Herodes-Sohn Antipas war Landesherr (Tetrarch) von Galiläa und Peräa zwischen 4 v. und 39 n. Chr., also während der Lebenszeit Jesu. Der Einfluss Roms war dort also nur indirekt. Das heißt freilich nicht, dass er sehr viel weniger intensiv gewesen wäre als in Judäa. Antipas erwies sich in jeder Hinsicht als Günstling Roms. Er pflegte seine freundschaftlichen Kontakte mit dem Kaiserhaus und den Mächtigen des Imperiums. Auch die Öffnung gegenüber der hellenistischen Kultur setzte er fort. Seine neue Regierungshauptstadt nannte er Tiberias, zu Ehren seines kaiserlichen Gönners Tiberius. Sie hatte ganz das Gepräge einer hellenistischen Stadt. Da sie auf einem ehemaligen jüdischen Friedhof erbaut war, war sie für gesetzestreue Juden ein unreiner Ort, den zu betreten sie sich weigerten.

Es ist also nicht von ungefähr, dass uns nirgends von einem Auftreten Jesu in Tiberias berichtet wird. Auch Jesus teilte offensichtlich die Ablehnung dieser Stadt. Ebenso hat er die übrigen hellenistischen Orte Galiläas, wie etwa das nur wenige Kilometer von seinem Heimatort Nazaret entfernte Sepphoris, gemieden – ein erster, keineswegs unwichtiger Hinweis auf seine grundsätzlich gesetzestreue Haltung.

Erst recht fehlt in der Überlieferung jeder Hinweis auf einen direkten Kontakt mit dem Herrscher Antipas und den Angehörigen seines Hofes während seines öffentlichen Wirkens in Galiläa. Lediglich das Lukasevangelium erzählt von einem Verhör Jesu durch seinen Landesherrn in Jerusalem im Zusammenhang mit seinem Prozess (Lk 23,6–12), doch sind demgegenüber historische Zweifel angebracht. Wo immer sonst Antipas (und zwar unter den Namen Herodes) in der Überlieferung erscheint, bleibt sein Bezug zur Jesusgeschichte ein nur indirekter. So erfahren wir vom Konflikt Johannes' des Täufers mit dem Herrscher: Johannes, der Antipas Vorhaltungen wegen seines den Normen des Gesetzes widerstreitenden Lebenswandels gemacht hatte, wurde daraufhin eingekerkert und schließlich getötet (Mk 6,21–29). Dieser Bericht ist kaum mehr als eine die Situation des Wirkens Jesu charakterisierende Hintergrundinformation. Immerhin lässt er darauf schließen, dass Jesus die negative Sicht des Täufers auf seinen Landesherrn geteilt hat, ihm im Übrigen aber aus dem Weg gegangen ist.

3. *Die religiöse Krise*. Die Krisensituation des Judentums in Palästina, ausgelöst durch die Bedrohung der kulturellen und religiösen Identität, die zunächst nach dem Makkabäeraufstand überwunden schien, war also durch die römische Herrschaft nicht nur zurückgekehrt, sondern spitzte sich im 1. Jahrhundert immer mehr zu – bis zur Katastrophe von 70 n. Chr. Diese Krise nur als eine Identitätskrise des Volkes sehen zu wollen, hieße, die Dinge aus moderner Sicht unerlaubt zu verkürzen. Sie wurde von Juden nämlich zentral als eine Krise des Gottesverhältnisses erfahren, und das heißt: Sie war eine religiöse Krise. Fragen, die sich aus den aktuellen geschichtlichen Erfahrungen ergaben, machten die Suche nach Antworten erforderlich, die über den Horizont der traditionellen Aussagen hinsichtlich des Gottesverhältnisses Israels hinausführten.

Eine dieser Fragen war die, auf welche Weise der Gott Israels die von ihm zugesagte unverbrüchliche Treue zu seinem Volk bewähren werde: Wie lange werden die gegenwärtigen Bedrängnisse Israels durch die „Weltvölker" andauern, und wie wird Gott sie zu einem für Israel heilvollen Ende bringen? Damit eng verbunden war eine weiter ausgreifende Frage: Was ist das letzte Ziel des Heilshandelns Gottes? Was ist sein Plan für Zukunft und Vollendung der Welt? Mit der Makkabäerzeit setzte ein intensives Nachdenken über beide Fragen ein. Geschichtstheologie und Eschatologie traten in den Vordergrund und wurden in vielfältiger Weise miteinander verbunden.

Geschichtstheologie versuchte, aus dem Ablauf der bisherigen Geschichte den Geschichtsplan Gottes und die hinter ihm stehenden Gesetzmäßigkeiten und Regeln zu rekonstruieren, um von daher Schlüsse für Ablauf des zukünftigen, noch ausstehenden Geschichtsverlaufes zu ziehen. Die Weltgeschichte, vor allem das Nacheinander der großen Weltreiche, wurde als ein nach Gottes Willen verlaufender Prozess gesehen, an dessen Ende die heilvolle Vollendung der Geschichte Israels und die Vernichtung der gegenwärtig das Gottesvolk bedrängenden Mächte stehen werde. Dabei berief man sich mit Vorliebe auf geheime Offenbarungen, in denen Gott seinen Geschichtsplan niedergelegt und Anhaltspunkte für dessen Dechiffrierung gegeben habe. Und zwar erschien dabei die jeweilige Gegenwart als letzter Höhepunkt der Not und Bedrängnis, auf den unmittelbar die große, heilvolle Wende folgen werde. So entstand jenes Denkschema, für das sich in der neueren Forschung die (freilich pauschalisierende und verkürzende) Bezeichnung *Apokalyptik* eingebürgert hat.

Der Gedanke an die Heilszukunft gewann dabei stärkeres Gewicht, und zwar auch abgelöst von solchen apokalyptischen Spekulationen. Hier ging es nicht nur um die Vollendung der Geschichte Israels, sondern darüber hinaus um die Vollendung der Welt, wobei der Gedanke der endgültigen Durchsetzung der Herrschaft Gottes und der Entmachtung aller bösen Gewalten zentrale Bedeutung hatte. Hoffnungen auf die Auferstehung der Toten und die endzeitliche Neuschöpfung gewannen in weiten Kreisen an Boden. So verbreitet diese Gedanken und Motive zur Zeit Jesu auch waren, so unterschiedlich war ihre Aufnahme und Ausgestaltung in den verschiedenen Gruppierungen des Judentums. Dies soll im Folgenden gezeigt werden.

IV. Jesus im Spektrum des zeitgenössischen Judentums

1. Die Sadduzäer. Wichtige, wenn auch einseitige Nachrichten über jüdische Gruppierungen verdanken wir Josephus (Ant. 13,171–173.297f; 18,11–25; Bell. 2,118–166), der sie als „Religionsparteien" bezeichnet. Die am wenigsten von den neuen theologischen Fragestellungen berührte Gruppierung waren zweifellos die Sadduzäer. Ihren Kern bildete der alte Jerusalemer Priesteradel, um den sich Kreise der hauptstädtischen Aristokratie geschart hatten. Die Bezeichnung „Sadduzäer" ist vermutlich abzuleiten von Zadok, dem Stammvater der Jerusalemer Priestersippen (1Kön 2,35). Die Sadduzäer waren am Kult und dessen festen Ordnungen orientiert. Ihr Denken kreiste um die Kultordnungen der Tora. Deren treue Einhaltung war für sie die Garantie für die bleibende Gegenwart Gottes inmitten seines Volkes, und damit für das, was allein für das Heil und den Bestand der Welt erforderlich war. Geschichtstheologische Spekulationen lehnten sie ab, und erst recht standen sie eschatologischen Gedanken fern. Maßgeblich für sie als Traditionalisten war nur die im Pentateuch (= den „5 Büchern Mose") fixierte Tora, die von zukünftiger Heilshoffnung und Totenauferstehung schweigt. Ob die Sadduzäer sich in einem gewissen Maße der herrschenden hellenistischen Kultur geöffnet hatten, wissen wir zwar nicht sicher, ihre Verbindung mit den Mächtigen lässt dies aber vermuten. Sie hatten im Synhedrion die unangefochtene Mehrheit, und ihre Machtposition wurde durch die römischen Präfekten gestärkt.

Jesus hat ihnen denkbar fern gestanden. Die Überlieferung weiß nur von einem einzigen Kontakt mit ihnen, einer Diskussion über die Totenauferstehung (Mk 12,18–27), die in einen schroffen Dissens ausmündet. Bezeichnenderweise unterstellen die sadduzäischen Partner Jesus die pharisäische Position in dieser Frage, indem sie zugleich versuchen, diese als absurd zu diskreditieren (vgl. S. 75).

2. *Die Pharisäer*. Dass die Pharisäer zur Zeit Jesu die Gruppierung mit der größten Breitenwirkung im Volk waren, steht außer Zweifel. Hervorgegangen waren sie aus den *Chassidim*, jenen gesetzestreuen „Frommen", die sich den von den Seleukiden angeordneten Veränderungen in Jerusalem durch den Rückzug in abgelegene Gebiete entzogen hatten (1Makk 2,29ff). Kompromisslose Treue zur Tora blieb denn auch ihr Programm. Damit könnte auch die Bezeichnung *Pharisäer* zusammenhängen, die nach der wahrscheinlichsten Deutung von *parôschîm* (hebr. „Spalter", „genau Unterscheidende") abgeleitet ist. Ihnen ging es um Genauigkeit in der Gesetzesauslegung, und zwar in den alltäglichen Lebensvollzügen. Das Ideal, das sie erstrebten, war ein Gemeinschaftsleben, das voll und ganz von Gottes heilvoller Lebensordnung für sein Volk, der Tora, bestimmt und geprägt sein sollte. Israel sollte so zu einem für Gott gereinigten und geheiligten Volk werden. Kultische Reinheit sollte nicht nur eine Sache des gottesdienstlichen Vollzugs im Tempel bleiben, sondern in den Alltag hineinwirken und das ganze Volk durchdringen. Dazu bedurfte es einer Gesetzesauslegung, die die Tora für die Anwendung auf alle Situationen alltäglichen Lebens anwendbar machte. Pharisäische Schriftgelehrte fügten deshalb der im Pentateuch überlieferten schriftlichen Tora Gebote aus mündlicher Überlieferung hinzu, die den Rang göttlich autorisierter Ausführungsbestimmungen (Halacha) hatten. So entwickelte sich speziell im Pharisäismus ein Schriftgelehrtentum, das seine Aufgabe in der Diskussion über die Anwendung von Bestim-

mungen der Tora auf bestimmte Fälle und Situationen sah. Trotzdem waren die Pharisäer nicht primär eine Partei der Schriftgelehrten, sondern des Volkes; ihr Einfluss, speziell auf die städtische Mittel- und Unterschicht, dürfte beträchtlich gewesen sein. Kennzeichnend für sie war die Hinwendung zur Eschatologie. Sie erwarteten eine allgemeine Totenauferstehung am Ende der Geschichte, und in ihnen fanden auch apokalyptisch geprägte Hoffnungen auf eine nahe bevorstehende heilvolle Wende für Israel einen kräftigen Nährboden. Israel könne und müsse – so ihre Überzeugung – diese Wende durch seine kultische Reinigung vorbereiten.

In den Evangelien spielen die Pharisäer als Gesprächspartner und Kontrahenten Jesu eine große Rolle. Vordergründig gesehen, könnte das den Eindruck erwecken, sie wären seine größten Widersacher gewesen, und in der Tat wurden sie in späteren Überlieferungsschichten ziemlich pauschal als die Gegner Jesu schlechthin charakterisiert. Sieht man jedoch genauer zu, so stößt man auf Indizien, die auf gewisse Gemeinsamkeiten zwischen Jesus und ihnen schließen lassen. Jesus teilte nicht nur, wie erwähnt, ihre Auferstehungshoffnung. Sein Wirken war, nicht anders als das ihre, auf das Volk in seiner Gesamtheit ausgerichtet. Israel auf die kommende Heilsverwirklichung vorzubereiten, sein Leben durch den radikal verstandenen heiligen Gotteswillen zu erneuern und es damit für Gott zu heiligen – darin sah auch er die jetzt anstehende Aufgabe. Wie für sie, so war auch für ihn die Tora Inbegriff dieses Gotteswillens, und er hat sie so unmittelbar zur alltäglichen Lebenswirklichkeit des Volkes in Bezug gesetzt. Trotzdem gab es einen markanten Unterschied. Das Heiligkeitsverständnis der Pharisäer war an der kultischen Unterscheidung zwischen „rein" und „unrein" orientiert. Die Sphäre der Reinheit und Heiligkeit bedurfte ständiger Verteidigung gegen das Unreine. Reinheit des Volkes war demnach nur möglich, wenn Unreines, dem Willen Gottes nicht Gemäßes abgewehrt und ausgeschieden wurde.

Diesem defensiven Reinheitsverständnis stand bei Jesus ein offensives gegenüber (K. Berger). Er war sich dessen gewiss, dass die jetzt von Gott her ermöglichte Reinheit gleichsam ansteckend wirken und den Bereich der Unreinheit zurückdrängen werde. In zahlreichen Kontroversen zwischen ihm und den Pharisäern geht es eben um diesen Punkt. So machte sich Jesus in pharisäischer Sicht durch seine Mahlgemeinschaft mit Menschen, die wegen ihres Lebenswandels als unrein galten, nicht nur selbst unrein, sondern öffnete damit die Schleusen für den Einbruch von Unreinheit in das Gottesvolk. Jesus hingegen sah es genau umgekehrt (Mk 2,15–17).

Man spielt die Heftigkeit dieser Kontroversen nicht herunter, wenn man in ihnen Hinweise auf eine relative Nähe Jesu zu den Pharisäern sieht. Immerhin nämlich erscheinen in der Überlieferung die Pharisäer als die einzige Gruppierung des Judentums, mit denen Jesus im Gespräch war. Kontroversen sind bekanntlich am heftigsten zwischen Partnern, denen eine Gesprächsbasis gemeinsam ist. Auch nennt die Überlieferung einzelne Namen von Pharisäern, die Jesus nahe standen: Nikodemus (Joh 3,1) und Josef von Arimatäa (Mk 15,43). Und im Passionsbericht erscheinen Pharisäer nicht unter den Gegnern. Die militante Feindschaft gegen Jesus ging wohl von den sadduzäischen Mitgliedern des Synhedrions aus.

3. Essener und Qumrângemeinschaft. Die dritte Religionspartei, die Josephus benennt, sind die *Essener*. Sie werden im Neuen Testament nirgends direkt erwähnt. Auch sonst gab es bis in die jüngste Vergangenheit keine direkten Quellen, aus denen man Aufschlüsse über sie hätte gewinnen können. So blieb die Forschung im Wesentlichen auf die wegen ihrer Einseitigkeit undeutlichen Nachrichten des Josephus angewiesen. Das hinderte freilich nicht daran, dass sie immer wieder zum Gegenstand phantasievoller Vermutungen und Spekulationen wurden. Das änderte sich mit einem Schlag, als zwischen 1947 und 1956 in den Höhlen bei *Chirbet Qumrân*, nahe dem nordwestlichen Ende des Toten Meeres, umfangreiche Sammlungen jüdischer Schriften entdeckt und die Ruinen einer relativ großen Siedlungsanlage auf einem unmittelbar den Höhlen vorgelagerten Plateau ans Tageslicht gebracht wurden. Deutlich wurde schon sehr bald: Die Siedlungsanlage war nach den Bedürfnissen einer Gruppe von Menschen gestaltet worden, die ein durch rituelle Ordnungen bestimmtes gemeinschaftliches Leben führten. Die Vermutung, dass diese Gruppe etwas mit den Essenern zu tun habe, verdichtete sich mehr und mehr zur Gewissheit. Darüber, wie das Verhältnis der Gemeinschaft von Qumrân zu den Essenern genau zu bestimmen ist, gibt es zwar heute in der Forschung noch eine gewisse Meinungsbreite. Mit großer Wahrscheinlichkeit kann jedoch gesagt werden: Die Qumrângemeinschaft war – zumindest zeitweise – das maßgebliche Zentrum der Essener, die im Übrigen überall unter den Juden Palästinas, zumindest denen Judäas, verbreitet waren, und die Schriftensammlungen aus den Höhlen sind zum großen Teil (wenn auch nicht durchweg) Belege für essenisches Gedankengut. Durch diese Funde erfuhr somit unsere Kenntnis des Frühjudentums zur Zeit Jesu eine erhebliche Bereicherung. Die Essener waren in der Tat eine seiner großen religiös-geschichtlichen Gruppierungen, eine „Religionspartei", deren Einfluss mit dem der Pharisäer vergleichbar ist

Hinweise auf ihre Geschichte ergaben sich aus den Schriftenfunden, ergänzt durch archäologische Befunde in Qumrân. Demnach liegt der Ursprung der Essener in einem Schisma in der Jerusalemer Tempelpriesterschaft zur Zeit des makkabäischen Priesterkönigtums, um ca. 120 v. Chr. Damals wurde ein Hoherpriester aus dem Amt gedrängt, offenbar weil er die kultische Reinheit besonders strengen Anforderungen unterwarf. Dieser – in den Schriften wird er als „Lehrer der Gerechtigkeit" bezeichnet – kehrte mit seinen priesterlichen Anhängern Jerusalem den Rücken, um in der Wüste die Ansiedlung von Chirbet Qumrân zu gründen, wobei eine Gruppe von fundamentalistisch gesinnten Gesetzesfrommen hinzustieß. Die neue Gemeinschaft war ihrem Wesen nach also eine streng kultisch orientierte Protestbewegung gegen den in ihren Augen entarteten Kult am Jerusalemer Heiligtum. Der „Lehrer der Gerechtigkeit", um den sie sich scharte, war ihre maßgebliche Autorität, wobei – wie schon diese Bezeichnung besagt – seine Vollmacht zur Lehre im Vordergrund gestanden haben dürfte: Er „setzte" Tora, indem er die Bedeutung der in den heiligen Schriften überlieferten profetischen Zeugnisse erschloss und die traditionellen Weisungen auf die Erfordernisse der Gegenwart hin entfaltete.

Im Zentrum des Denkens der Essener von Qumrân stand eine aufs äußerste radikalisierte Vorstellung von kultischer Reinheit, die sich in der Entwicklung umfassender Reinigungsvorschriften und -ritualen manifestierte. Ihre Theologie und Frömmigkeit war orientiert am Tempel und dessen kultischer Ordnung. Sie verstanden ihre Gemeinschaft als spirituellen Tempel, der an die Stelle des verunreinigten, dem Gericht Gottes verfallenen Jerusalemer Heiligtums getreten war.

Dieser kultische Grundtenor verband sich mit einer stark ausgeprägten apokalyptischen Zukunftserwartung, in der vor allem Spekulationen über den im Himmel bereits gegenwärtig vorhandenen Tempel der kommenden Heilszeit eine zentrale Rolle spielten. Demnach hat Gott das zukünftige Heil, die endzeitliche Erneuerung der Schöpfung, schon vorbereitet; im Himmel ist das erneuerte Jerusalem mit dem reinen Tempel in seiner Mitte bereits da; dort wird jetzt schon von Gottes Hofstaat die Herrschaft Gottes gefeiert. In diesem Zusammenhang gewinnt das Motiv der *Königsherrschaft Gottes* starkes theologisches Gewicht. Für die Essener von Qumrân war sie – anders als für Jesus – in erster Linie ein himmlisches Heilsgut. Sie wird in der kultischen Feier von der irdischen Gemeinde jetzt schon als gegenwärtige Wirklichkeit erfahren, und diese Erfahrung ist zugleich Grund für die Erwartung, dass diese Königsherrschaft in der zukünftigen Vollendung auch auf der Erde sichtbar in Erscheinung treten werde. Der Anbruch von Gericht und Heil auf Erden wird nach einer voraussehbaren, ja mittels kalendarischer Spekulationen genau vorausberechenbaren Frist erfolgen.

Grundlegend unterscheiden sich die Essener von den Pharisäern hinsichtlich ihrer Stellung zum Volk Israel. Auch für sie spielt zwar das Motiv der endzeitlichen Sammlung eine wichtige Rolle. Aber nach ihrer Vorstellung ist diese Sammlung im

Grunde bereits vollzogen: Ihre Gemeinschaft – und nur sie – ist nämlich das endzeitlich gesammelte, priesterlich reine Gottesvolk. Sie besteht aus den „Söhnen des Lichts", die nach göttlicher Vorherbestimmung von den „Söhnen der Finsternis", bzw. den „Söhnen Belials" geschieden sind. Die zukünftige Vollendung wird die bereits geschehene Scheidung also nur bestätigen: Für die Glieder der „Einung" (*jachad*) – so ihre Selbstbezeichnung – wird das Heil in leibhafter Sichtbarkeit verwirklicht, die außerhalb Stehenden hingegen verfallen unweigerlich dem Gericht. Solche priesterlich-elitäre Grundeinstellung schloss von vornherein jeden Versuch, in das Volk hineinzuwirken, aus. Entscheidend war vielmehr, die bereits vollzogene Trennung zu erkennen und zu befestigen.

Zu Beginn des Jüdischen Krieges, 68/69 n. Chr., wurde die Siedlung von Qumrân zerstört, vermutlich durch die Römer (oder nach Meinung einiger Forscher durch die Zeloten). Die dort noch ansässigen Essener werden damals ums Leben gekommen sein. Man könnte eine Ironie der Geschichte darin sehen, dass sie das Ende des ihnen so verhassten Jerusalemer Tempels nicht mehr erlebt haben. Aber auch die übrigen im Lande lebenden Essener sind entschwunden, ohne weitere Spuren in der Geschichte zu hinterlassen. Das Judentum, das sich nach der Katastrophe von 70 n. Chr. neu formierte, war einseitig vom rabbinischen Pharisäismus geprägt. Das kultische und apokalyptische Denken der Essener fand in ihm keinen Raum mehr.

Für uns steht die Frage nach dem Verhältnis Jesu zu den Essenern im Vordergrund. Jene sensationellen Hypothesen hinsichtlich einer engen Verbindung zwischen Jesus und den Essenern, die seit der Entdeckung der Schriftensammlungen von Qumrân immer wieder für Aufmerksamkeit in der Öffentlichkeit sorgten (vgl. S. 126f), wurden von der seriösen Forschung keineswegs bestätigt. Diese urteilt sehr viel zurückhaltender.

Zunächst ist zu diesem Thema zu sagen: Eine Zusammenschau der Ursprungsgeschichte der Qumrân-Gemeinschaft mit der Geschichte Jesu verbietet sich schon wegen der zeitlichen

Differenz. Moderne Untersuchungsmethoden wie der Radiokarbontest haben ergeben, dass die für diese Frage entscheidenden Schriften von Qumrân bereits mehr als ein Jahrhundert vor den neutestamentlichen Schriften entstanden.

Differenzierter wird man über das Verhältnisses Jesu zur Gedankenwelt von Qumrân urteilen müssen. Jesus teilt mit ihr die starke Gewichtung der Königsherrschaft Gottes. Die Erwartung ihres baldigen sichtbaren Anbruchs spielt auch bei ihm eine starke Rolle. Aber er betont das Hineinwirken der Gottesherrschaft in die Gegenwart. Sie ist nach seiner Verkündigung schon in verborgener Gestalt gegenwärtig, um sich machtvoll auf Zukunft hin durchzusetzen (Mk 4,30–32). Das entscheidende Moment dabei ist die Bindung dieser Gegenwart der Gottesherrschaft an die Person Jesu. Dafür findet sich in Qumrân keine Analogie.

Ein weiterer Differenzpunkt betrifft das Verhältnis zum Kult. Ist die essenische Bewegung priesterlich-kultisch orientiert, so ist die Jesusbewegung eher laizistisch. Für Jesus und seine Anhänger spielen Tempelkult und kultische Reinheit keine markante Rolle.

Damit hängt ein dritter – höchst markanter – Unterschied zusammen. Jesus sieht sich zur Sammlung und Vollendung ganz Israels gesandt. Er verwirklicht diesen Auftrag, indem er in seiner ihm von Gott übertragenen Vollmacht die suchende und vergebende Liebe Gottes gerade den Sündern zuspricht, den Menschen also, die sich am äußersten Rande des Gottesvolkes befinden. Der Exklusivität der essenischen Bewegung, die auf Aussonderung der Reinen aus der Masse des Volkes zielt, steht die Inklusivität der Jesusbewegung gegenüber, die sich dem Volk in seiner Gesamtheit zuwendet.

Es ist nach alledem nicht überraschend, dass weder in den Evangelien von Begegnungen Jesu mit Essenern die Rede ist, noch sonst im Neuen Testament auf Essener direkt Bezug genommen wird.

Sicher: Manche Gedanken und Motive, die sich bei Jesus finden, haben Entsprechungen im Schrifttum von Qumrân. Aber das ist noch kein Grund, um eine direkte Beziehung Jesu zu den Essenern vorauszusetzen. Es ist davon auszugehen, dass die in den Höhlen eingelagerten Schriftrollen keineswegs nur essenische Theologie im strengen Sinn enthalten. Eher bieten sie einen essenisch akzentuierten Querschnitt damaliger jüdischer Schriftauslegung und Theologie. Und umgekehrt wird man damit rechnen können, dass Motive aus der theologischen Vorstellungswelt der Essener in weiten Kreisen des palästinischen Judentums Anklang und Echo gefunden haben – also auch bei Jesus.

4. *Die Zeloten.* Eine weitere Gruppe innerhalb des Judentums, deren Umfang und Bedeutung zur Zeit Jesu sich allerdings nur bedingt einschätzen lässt, waren die *Zeloten* (griech. *zelotes* = Eiferer). Josephus erwähnt sie nämlich nur zögerlich neben Sadduzäern, Pharisäern und Essenern als „vierte Philosophenschule", wobei er in tendenziöser Absicht ihre Bedeutung und ihren Einfluss herunterzuspielen sucht (Bell. 2,118; Ant. 18,4–9.23f). So ist es sicherlich unrichtig, wenn er sie als „Schule" erst unmittelbar vor dem Jüdischen Krieg (66 n. Chr.) hervortreten lässt und für die Zeit davor nur von einzelnen kriminellen Aufrührern und Banditen spricht. Zutreffen dürfte hingegen ihre Charakterisierung als eine Schule,

> deren Anhänger in allen anderen Stücken mit den Pharisäern übereinstimmen, dabei aber mit großer Zähigkeit an der Freiheit hängen und Gott allein als ihren Herrn und König anerkennen. (Ant.18 23f).

Nicht anders als für die Pharisäer stand nämlich auch für die Zeloten die zukünftige Königsherrschaft Gottes im Zentrum allen Hoffens und Strebens. Auch für sie war diese Königsherrschaft der Bereich, in dem Gottes heiliger Wille seine abschließende sichtbare Erfüllung finden sollte, und zwar durch eine Erneuerung des Volkes Israel in kultischer Reinheit. Was sie von den Pharisäern unterschied, war jedoch die Radikalität, mit der sie diese Hoffnung verfolgten. Erneuerung Israels hieß für sie zuallererst Beseitigung der politischen und kulturellen Herrschaft der gottlosen Heiden. An deren Stelle die sichtbare Herrschaft Gottes als des alleinigen Königs Israels durchzusetzen, war darum das realpolitische Ziel für die allernächste Zukunft. Während sich für Pharisäer – wie auch für Essener – die Naherwartung auf die Hoffnung konzentrierte, Gott selbst werde durch sein Eingreifen eine Wende der Verhältnisse bewirken und so die Heilszeit herbeiführen, waren die Zeloten von der Notwendigkeit überzeugt, Gottes „Eifern" für die Freiheit und Reinheit seines Volkes bedürfe der Unterstützung durch das „Eifern seines Volkes". Als biblische Vorbilder solchen „Eiferns" für die Sache Gottes dienten Gestalten wie der Profet Elija und der Priester Pinehas (Num 25,13), die mit offener Gewalt für die Sache Gottes eingetreten waren. Das konkrete Nahziel war der Guerillakampf kleiner militanter Gruppen gegen Rom und seine Vasallen, die Herodianer, das – zunächst noch utopische – Fernziel war der vom gesamten Volk getragene offene Aufruhr.

Unmittelbaren Anlass für zelotischen Widerstand bot die römische Steuerpolitik. So rief der Census des Quirinius im Jahr 8 n. Chr., der im Zusammenhang mit dem Anschluss Judäas an die römische Provinz Syrien stand, heftigen Protest hervor. Als Ideologe und Inspirator der nunmehr einsetzenden Widerstandsbewegung, die neben der theokratischen auch eine deutliche soziale Komponente hatte, trat ein Galiläer namens Judas hervor. Diese setzte sich bis zum Jüdischen Krieg fort. Ihre jeweilige Intensität war jedoch von den konkreten Verhältnissen, vor allem von der Härte oder Milde der von den jeweiligen römischen Präfekten vertretenen Politik abhängig. Wurde der Widerstand zunächst nur von einzelnen kleinen Gruppen getragen, so erweiterte er sich in den Jahren zwischen 40 und 68 zu einer machtvollen Bewegung, die zuletzt das Volk in seiner überwiegenden Mehrheit in den offenen Krieg gegen Rom trieb.

Direkte Äußerungen Jesu über die Zeloten sind uns nicht überliefert. Und doch fehlt es nicht an Hinweisen darauf, dass die zelotische Bewegung eine nicht unwesentliche Komponente in dem gesellschaftlichen und religiösen Spannungsfeld gewesen ist, in dem die Jesusbewegung ihren Ort hatte. So trug einer der „Zwölf", des engsten Jüngerkreises Jesu, den Namen „Simon der Zelot" (Lk 6,15). War er Mitglied einer zelotischen Widerstandsgruppe gewesen? Nach Mk 12,13–17 stellten Pharisäer an Jesus die Frage, ob Steuerzahlung an den Kaiser dem Willen Gottes entspreche oder nicht. Sie wiederholen damit die zentrale Ausgangsfrage des Judas Galilaios. Und die Antwort Jesu weicht zwar einem schroffen Entweder-Oder aus, bleibt aber in einer die Problematik letztlich vertiefenden Mehrdeutigkeit:

> Was des Kaisers ist, gebt dem Kaiser, und was Gottes ist, Gott! (Mk 12,17).

Bei Jesus finden sich einige Motive, in denen zelotische Gedanken anzuklingen scheinen, so die Betonung der Nähe der Armen, sozial Marginalisierten und Rechtlosen zu Gott (Lk 6,21.25; 16,19–31), die Relativierung familiärer Bindungen gegenüber dem radikalen Anspruch der Gottesherrschaft (Mk 3,31ff; Lk 14,26) und die Forderung zur Martyriumsbereitschaft (Mt 5,10). Aber der für die Zeloten zentralen Forderung nach Herbeiführung der Gottesherrschaft mit äußerer Gewalt widersprach Jesus, indem er auf die uneingeschränkte Geltung des göttlichen Liebesgebotes – auch und gerade den Feinden gegenüber – verwies (Mt 5,43–47), das biblische Gebot gewaltsamer Tötung radikalisierte (Mt 5,21–26) und zum Verzicht auf Gewalt aufrief (Mk 5,38–42). Auch ist die Hinwendung Jesu zu den Sündern und Gesetzlosen am Rand des Gottesvolkes unvereinbar mit dem Programm einer kultischen Reinigung des Volkes durch Abgrenzung, in dem sich die Zeloten mit den Pharisäern einig waren. Nicht zuletzt fehlen im Bild des Kreises der Jesusanhänger sämtliche Züge einer zelotischen Verschwörergruppe. Versuche, Jesus als zelotischen Widerstandskämpfer zu sehen, kommen daher nicht ohne die Vermutung aus, die Überlieferung von ihm sei nachträglich im antizelotischen Sinn umgestaltet und verfälscht worden. Das aber ist mangels konkreter Anhaltspunkte ein unhaltbares Postulat (vgl. S. 108). So bleibt allein der Umstand, dass Jesus von den Römern als „König der Juden" (Mk 15,26) hingerichtet worden ist, und das heißt: unter dem Schuldspruch der

Anzettelung von Aufruhr. Für sich genommen hat dies jedoch kaum Beweiskraft. Lag es doch für die römische Besatzerjustiz nur allzu nahe, jede neu im Volk entstehende Bewegung als Aufruhr zu verstehen und mit derem Anführer kurzen Prozess zu machen.

5. *„Messianische" Erwartungen.* Gerade der zuletzt genannte Umstand führt uns zu einem Fragenkreis, der beim Blick auf die jüdischen Bewegungen zur Zeit Jesu nicht ausgeklammert werden darf: Wie hielten sie es mit den so genannten messianischen Erwartungen des Judentums, und wie verhielt sich Jesus gegenüber diesen Erwartungen? Vorab ist hierzu festzustellen: Die Begriffe „Messias" und „messianisch" erweisen sich als missverständlich, weil sie einen in sich geschlossenen Vorstellungskreis suggerieren, den es in dieser Weise nicht gegeben hat. Davon, dass das Judentum zur Zeit Jesu eine in sich einheitliche Messiaserwartung gehabt hätte, kann – wie neuere Forschungen erwiesen haben – nicht die Rede sein. Es gab lediglich ein breites Erwartungsspektrum, innerhalb dessen verschieden geprägte Einzelvorstellungen Raum fanden.

Der Begriff „Messias" geht zurück auf *maschîah* (hebr.) = „Gesalbter" und verweist in seiner ursprünglichen Bedeutung auf die Könige, Profeten und Hohenpriester im alten Israel, die durch ein kultisches Salbungsritual den Rang Gott geweihter Personen erhielten. Erst sehr viel später gewann er die Bedeutung, die ihm heute anhaftet. Er wurde zur allgemeinen und übergreifenden Bezeichnung für zukünftig erwartete Heilbringer- und Rettergestalten. Zur Zeit Jesu hatte er diese feste terminologische Bedeutung jedoch noch keineswegs erreicht.

Wohl aber gab es damals in Kreisen des Judentums solche Erwartungen, die recht vielfältig waren. Gemeinsam war ihnen lediglich ihre eschatologische Ausrichtung: Sie richteten sich auf Gestalten, die im Zusammenhang mit der erhofften endzeitlichen Wende stehen und Israels zukünftiges Heil heraufführen sollten. Doch wie diese Gestalten und deren Funktionen im Einzelnen vorgestellt wurden, das ergab sich jeweils aus den Zukunftserwartungen und Handlungszielen der einzelnen Gruppen, sowie nicht zuletzt auch aus der konkreten äußeren Lage.

So flammte um die Mitte des 1. Jahrhunderts v. Chr. als Gegenreaktion auf die Unterwerfung Palästinas unter die römische Herrschaft durch Pompejus in pharisäischen Kreisen die Erwartung auf, ein Heilskönig aus dem Geschlecht Davids werde als „Gesalbter des Herrn" erstehen und das Volk Israel erretten und zu jener Größe zurückführen, die es einst unter David, dem Prototypen des gerechten und von Gott gesegneten Königs, gehabt hatte (Psalmen Salomos 17–18). Offensichtlich ist diese Erwartung aber sehr schnell wieder erloschen, zumindest im Hauptstrom des Pharisäismus, der allein auf das Handeln Gottes bei der Heraufführung der zukünftigen Königsherrschaft setzte.

Von den Sadduzäern kann hier abgesehen werden. Da sie keinerlei apokalyptisch geprägte Heilserwartung pflegten und sich überdies mit den bestehenden Verhältnissen arrangiert hatten, hatten Hoffnungen solcher Art bei ihnen keinen Raum.

Anders stand es bei den Essenern von Qumrân. Ihrer priesterlich-kultischen Ausrichtung entsprechend, verbindet sich mit ihrer zukünftigen Heilserwartung die Erscheinung einer priesterlichen Gestalt, des „Gesalbten Aarons". Diese steht entweder neben dem „Gesalbten Israels" (1QS IX, 8–11; 1QSa II, 11f) oder ist gar mit jenem identisch (CD 14,19; 19,10f). Darüber hinaus stoßen wir hier noch auf eine profetische Gestalt, einen „Gesalbten des Geistes" (11QMelch 2,18).

Wieder andere Kreise erwarteten für die Endzeit die Erscheinung einer geheimnisvollen himmlischen Richtergestalt, des „Menschensohnes" (so die Bilderreden des äthiopischen Henochbuchs 46,1–8). Diese wird jedoch weder als „Gesalbter" bezeichnet, noch in Verbindung mit dem davidischen Königtum gebracht.

Lediglich innerhalb des Zelotismus traten politische Rebellen mit dem Anspruch auf, von Gott selbst dazu gesandt zu sein, sich an die Spitze der Freiheitsbewegung zu setzen, die

Herrschaft Gottes zu verwirklichen und ein neues Königtum zu begründen. So wissen wir von Simon, der sich in den Tagen Herodes' des Großen zum König proklamieren ließ (Ant. 17, 273f), sowie von mehreren Königsprätendenten, die im Jüdischen Krieg auftraten, als solche von den Römern im Triumphzug vorgeführt und anschließend hingerichtet wurden (Bell. 4,510; 7,26–31). Ob sie sich selbst als „Gesalbte" bezeichnet haben, wissen wir nicht.

Wir ziehen das Fazit: „Es gab nicht das Judentum und seine Messiaserwartung, es gab viele Judentümer mit verschiedenen eschatologischen und messianischen Erwartungen!" (G. Theißen).

Und Jesus selbst? Dass er als Urheber einer neuen Bewegung innerhalb des Judentums mit „messianischen" Erwartungen seiner Zeitgenossen konfrontiert war, überrascht nicht. Anscheinend hat er sich aber mit keiner dieser Erwartungen *direkt* identifiziert. Die ältere Überlieferung lässt erkennen, dass er der aus dem Kreis seiner Anhänger an ihn herangetragenen Frage, ob er der „Gesalbte" sei, mit ausweichender Zurückhaltung begegnet ist (Mk 8,29; 10,46ff; 11, 10). Denn speziell diese Bezeichnung konnte im zeitgeschichtlichen Umfeld kaum anders als im Sinn zelotischen politischen Aufrührertums verstanden werden. Freilich: Offen davon distanziert hat er sich wohl ebenso wenig. So hat er sich vor seinen Anklägern anscheinend zu diesem Punkt in ein vielsagendes Schweigen gehüllt (Mk 15,5). Sein Anspruch, dass das Kommen der Königsherrschaft Gottes unmittelbar mit seiner Verkündigung und seinem Wirken verbunden sei, implizierte letztlich, dass er selbst sich als endzeitlicher Heilsbringer – und damit als „messianische" Gestalt – verstanden hat, dies freilich nicht im Sinn der Übernahme bestimmter zeitgenössischer „messianischer" Vorstellungen.

V. Der äußere Verlauf der Geschichte Jesu

1. Herkunft und Hintergrund. An keinem anderen Punkt werden die Evangelien den Erwartungen moderner biografisch orientierter Geschichtsschreibung so wenig gerecht wie mit ihren Aussagen über Herkunft, Entwicklung und Frühzeit Jesu. Als gegen Ende des 1. Jahrhunderts n. Chr. das Interesse an dieser Thematik erwachte, fand es nur noch verblasste, durch legendarische Motive überlagerte Erinnerungen vor.

Zuverlässig, weil fest in ältester Überlieferung verankert, sind lediglich die Angaben über Jesu Herkunft aus Nazaret. Dieser im Hügelland von Mittelgaliläa, südwestlich vom See Gennesaret gelegene Ort wird als seine Vaterstadt (Mk 6,1), er selbst als „der Nazarener" (Mk 1,24; 10,47) bezeichnet. Galiläa, der nördliche Landesteil Palästinas, hatte eine ganz andere Geschichte durchlaufen als das jüdische Kernland Judäa. Nach dem Untergang des alten Königreichs Israel war die jüdische Bevölkerung stark dezimiert worden; fremdstämmige heidnische Menschen bildeten über mehrere Jahrhunderte die Mehrheit. Das steht auch hinter der alten hebräischen Bezeichnung „Heidengau" (*galîl hagoijim* Jes 8,23), die in das griechische Wort *Galilaia* eingegangen ist. Im Zeichen der von Judäa ausgehenden Renaissance des Judentums wurde Galiläa durch die hasmonäischen Priesterkönige 104/103 v. Chr. erobert und anschließend planvoll rejudaisiert. Gesetzestreue judäische Familien wurden angesiedelt. Zugleich jedoch verstärkte sich die Präsenz der hellenistisch-römischen Kultur. Diese fand, gefördert vor allem durch Antipas, den Landesherrn zur Zeit Jesu, ihre Schwerpunkte in neu erbauten Städten wie Sepphoris und Tiberias, um von dort aus weithin auszustrahlen.

Man hat auf Grund der galiläischen Herkunft Jesu immer wieder – zumeist geleitet von weltanschaulichen Prämissen – gern seine jüdische Herkunft in Frage gestellt. Doch solche Versuche scheitern an den eindeutigen Indizien für Jesu Verwurzelung im Judentum. Zu diesen gehört sein Name: Jesus ist die gräzisierte Form des aram. *Jeshua*, das wiederum auf den in der Bibel häufigen hebr. Namen *Jehoshua* zurückgeht. Und zwar ist dies ein theophorer, den heiligen Gottesnamen *JHWH* mit dem Verb jš' = „retten, helfen" verbindender Name mit der Bedeutung „Gott hilft". Auch seine Eltern trugen hebräische Namen: *Josef* und *Mirjam* (woraus erst spätere christliche Überlieferung die latinisierte Form *Maria* machte). Obwohl Galiläa ein zweisprachiges Land war, war Jesu Muttersprache zweifellos das Aramäische. Es ist jedoch kaum zweifelhaft, dass er Griechisch zumindest verstehen konnte. Die sprachliche Situation im damaligen Galiläa lässt sich in etwa mit der im gegenwärtigen Mitteleuropa vergleichen, wo der Einfluss des Englischen als der internationalen Kultur- und Wirtschaftssprache alle Bevölkerungsschichten berührt – dies freilich in unterschiedlichem Maße.

Das damalige Galiläa hatte eine vergleichsweise gesunde wirtschaftliche Struktur, wenn auch auf einem bescheidenen Niveau. Dominierend war, dank günstiger klimatischer Verhältnisse, die Landwirtschaft. Neben zahlreichen Kleinbauern gab es auch große Latifundien, die in der Hand reicher – teilweise im Ausland lebender – Grundbesitzer waren. Sie boten zahlreichen Tagelöhnern und Gelegenheitsarbeitern ein Einkommen hart am Rande des Existenzminimums. Daneben aber gab es einen wachsenden Mittelstand, der sich aus Fischern, Handwerkern und Kleingewerbetreibenden rekrutierte. Zu diesem dürfte auch die Familie Jesu gehört haben. Der Beruf seines Vaters Josef wird mit „Zimmermann" angegeben (Mk 6,17); wir haben uns darunter gemäß den damaligen Verhältnissen einen Bauhandwerker vorzustellen, der mit Holz und Steinen umging, und auch Jesus dürfte diesen Beruf erlernt haben. Dass die Familie auf die aus Judäa zugewanderten Juden zurückging und – wie die Mehrheit der Juden im damaligen Galiläa – ihre religiöse jüdische Tradition mit besonderem Nachdruck festhielt, ist wahrscheinlich. Die Davidssohnschaft Jesu wird von der Überlieferung nämlich mehrfach betont. Jesus wurde während seines Wirkens als „Davidssohn" (Mk 10,48; 11,9) angesprochen, und noch

Jahrzehnte nach seinem Tod traten Verwandte von ihm als Nachkommen Davids in Erscheinung. So beginnt denn auch das Matthäusevangelium mit einem Stammbaum, der Jesus ausdrücklich als „Sohn Davids und Sohn Abrahams" vorstellt (Mt 1,1–16). Der Umstand, dass er auf Josef zielt (und damit in Spannung zu der folgenden Erzählung von Jesu jungfräulicher Geburt steht), weist ihn als auf älterer Tradition fußend aus.

2. *Die Geburt Jesu.* Die Vor- und Kindheitsgeschichten der beiden synoptischen Großevangelien Matthäus und Lukas berichten davon, dass Jesus im judäischen Betlehem geboren worden sei. Und zwar wollen sie durch den Gang ihrer Erzählung die Frage beantworten: Wie kam es dazu, dass – trotz der Geburt Jesu in Betlehem – das galiläische Nazaret als sein Herkunfts- und Heimatort gilt? Die Antworten beider Evangelien sind jedoch so unterschiedlich, dass kein Ausgleich zwischen ihnen möglich ist.

Nach Mt 1–2 hatten die Eltern Jesu ihren festen und dauernden Wohnsitz in Betlehem. Sie verlassen ihn erst nach der Geburt Jesu und um der Verfolgung des Kindes durch Herodes den Großen zu entgehen. Zunächst emigrieren sie nach Ägypten. Dann, nach dem Tod des bösen Königs (4 v. Chr.), kehren sie zwar nach Palästina zurück, aber nicht in ihren Heimatort Betlehem, weil sie dem inzwischen in Judäa zur Herrschaft gekommenen Herodessohn Archelaos misstrauen. Stattdessen lassen sie sich als Exilanten im galiläischen Nazaret nieder.

Ganz anders schildert Lukas in seiner bekannten, zum Kernbestand weihnachtlichen Brauchtums gehörenden Geburtsgeschichte (Lk 2) die Vorgänge. Auch hier gibt es einen durch politische Umstände ausgelösten Ortswechsel, allerdings in umgekehrter Richtung, von Nazaret, das als ständiger Wohnort der Eltern Jesu vorausgesetzt ist, nach Betlehem. Weil der Cäsar Augustus nach der Eingliederung Judäas in die römische Provinz Syrien (und damit nach der Entmachtung des Herodessohnes Archelaos) einen Census angeordnet hat, muss sich der aus der Familie Davids stammende Josef mit seiner schwangeren Frau auf den Weg von Galiläa nach Judäa machen, um sich in Betlehem, dem Geburtsort König Davids und Heimatort der Davididen, für die Steuer veranlagen zu lassen. Dort wird Jesus geboren, unter äußeren Umständen, die zeichenhaft darauf verweisen, dass er jener erwartete Davidssohn ist, der Rettung für sein Volk Israel bringt. So wird der scheinbar allmächtige Cäsar unwissentlich zum Werkzeug des Planes Gottes, den Davidssohn Jesus in der Davidsstadt Betlehem geboren werden zu lassen. Von dort kehren die Eltern mit dem Kind auf dem Weg über Jerusalem und seinen Tempel „nach Galiläa in ihre Stadt Nazaret" zurück (Lk 2,39).

Beide Erzählungen sind nicht nur unvereinbar; sie sind auch in ihren erzählerischen Details unwahrscheinlich. Genannt seien hier nur einerseits die Ermordung aller unter 2-jährigen Kinder durch Herodes, das Kommen der Magier aus dem Osten und der wandernde Stern, der ihnen den Weg nach Betlehem weist, um dort über dem Haus, wo das Kind sich befindet, stehen zu bleiben (so Mt 2), andererseits die Datierung des Census, der Weg Josefs und Marias nach Betlehem samt ihrer vergeblichen Herbergssuche, die Requisiten Stall und Krippe, die Huldigung der Hirten und die Engelserscheinung vom Himmel her (so Lk 2). Wir haben es in beiden Fällen mit legendarischem Stil zu tun, der vorzugsweise Motive biblischer Herkunft, daneben aber auch in der antiken Welt allgemein bekannte Vorstellungen aufnimmt und erzählerisch einschmilzt.

Als unmittelbarer historischer Ertrag ergibt sich vor allem die Erkenntnis, dass die Davidssohnschaft Jesu zum authentischen Grundbestand der Überlieferung gehörte und schon früh als Triebkraft zu deren weiterer Ausgestaltung wirksam wurde. So ist es denn wohl auch zu der Vorstellung einer Geburt in Betlehem gekommen. Hier handelt es sich schwerlich um ein geschichtliches Faktum, sondern ein Postulat speziell jener Kreise innerhalb des frühen palästinischen Judenchristentums, die Jesus im Lichte davidischer Messianologie deuteten. Dies lag umso näher, als seine tatsächliche Herkunft aus dem obskuren, nirgends in der Bibel erwähnten galiläischen Ort Nazaret als im Widerspruch zu allen biblisch begründeten Heilsverheißungen stand. Wenn das Johannesevangelium als Reaktion auf die Vorstellung Jesu als „Josefs Sohn aus Nazaret" die – rhetorisch gemeinte – Frage festhält: „Was kann schon aus Nazaret Gutes kommen?" (Joh 1,45f), so spiegelt das zweifellos die Diskussionslage wider. Jesu Messianität mit seiner Davidssohnschaft zu begründen war kaum anders möglich, als unter der Voraussetzung, dass er auch „aus Betlehem, dem Ort, wo David war" seinen Ursprung nahm (vgl. Joh 7,41ff).

Daneben wird man in der matthäischen Datierung der Geburt Jesu auf die letzten Regierungsjahre Herodes' des Großen – also auf ca. 6–4 v. Chr. – vermutlich ein Stück authentischer Erinnerung sehen dürfen, zumal auch nach Lk 1,5 Jesu Anfänge „in den Tagen des Königs Herodes" gelegen haben. Wenn Lukas im Übrigen die Geburt Jesu mit dem – erst um 8 n. Chr. erfolgten – Census des Quirinius in Verbindung bringt, so widerspricht das nicht nur dieser Notiz, sondern den sonstigen Zeitangaben seines Evangeliums, auf die noch zurückzukommen sein wird (vgl. S. 63).

Für beide Vorgeschichten gilt: Man wird ihnen nur dann gerecht, wenn man sie nicht als historische Information, sondern als Entfaltung dessen liest, was die Gestalt Jesu für die frühen Gemeinden bedeutet hat. Sie sind von den Evangelisten jeweils als vorbereitende Zusammenschau der folgenden Darstellungen der Geschichte Jesu gestaltet worden.

Diese Geschichte will vor allem als Erfüllung alttestamentlicher Verheißungen verstanden werden. Deshalb treten in den Vorgeschichten Bezüge und Hinweise auf das Alte Testament in großer Dichte auf. Dies gilt besonders von den Berichten von der vaterlosen Zeugung Jesu und seiner Geburt von einer Jungfrau. Sie begegnen in je unterschiedlicher Gestalt in Mt 1,18–25 und Lk 1,26–35, während dieses Thema nirgends sonst in den neutestamentlichen Schriften angesprochen wird und Aussagen über die Normalität der Geburt Jesu (Gal 4,4) und seine Davidssohnschaft (Röm 1,3; Joh 7,42) in kaum überbrückbarer Spannung dazu stehen. Wir haben es zweifellos mit einer relativ spät entstandenen Vorstellung zu tun, die sich weder auf alte Überlieferung, noch gar auf geschichtliche Erinnerung – etwa die an eine außereheliche Geburt Jesu – zurückführen lässt. In ihr klingt das in der hellenistischen Welt allgemein geläufige Motiv an, wonach Heroen und große Könige – wie z.B. Alexander der Große – aus der Verbindung einer Gottheit mit einer menschlichen Frau hervorgegangen seien. Diese sind jedoch überlagert durch ein spezifisch alttestamentliches Motiv, demzufolge Gott durch sein unmittelbares Eingreifen die Geburt der großen Stammväter Israels (wie Isaak) und der das Volk errettenden Gottesmänner (Simson und Samuel) ermöglicht habe. Anders als in der gemeinantiken Vorstellung ging es nicht darum, dass die Gottheit an die Stelle des menschlichen Vaters trat, so dass das entstehende Kind göttliches Wesen und göttliche Qualität in sich hätte. Für das Judentum wäre solche physische Vermischung von Göttlichem und Menschlichem ein unerträglicher Gedanke gewesen. In den entsprechenden jüdischen Überlieferungen stehen demgegenüber jeweils die unmittelbare Zugehörigkeit des Kindes zu Gott, sein Bestimmtsein durch ihn und – vor allem – die Gewissheit der göttlichen Beauftragung zu einem besonderen Dienst an seinem Volk im Mittelpunkt. Dies kommt auch in dem Umstand zum Ausdruck, dass die Geburt Jesu in Mt 1,22f als Erfüllung von Jes 7,14 gedeutet wird. Dort war die Geburt eines Sohnes aus einer „Jungfrau" (der hebr. Originaltext spricht sogar nur von einer „jungen Frau") angekündigt worden, der „Immanuel" (= „Gott mit uns") heißen soll, das heißt, der dazu gesandt ist, im Volk Israel im Auftrag Gottes Heil zu wirken. Nicht um physischen Anteil am Göttlichen, sondern um Sendung und Beauftragung durch Gott geht es demnach in dieser Aussage.

Ebenso wenig dürfte konkrete historische Erinnerung hinter den Erzählungen des Matthäusevangeliums von den Magiern, die durch einen geheimnisvollen Stern über Jerusalem nach

Betlehem geführt worden sind, um dort dem „neugeborenen König der Juden" zu huldigen, dem Kindermord des Herodes und der Flucht nach Ägypten (Mt 2), zu suchen sein. Sie sind vielmehr zustande gekommen durch eine erzählerische Kombination verschiedener alttestamentlicher Motive: der Messias Israels als heller Stern (Num 24,17), das Hinzukommen der Repräsentanten der Heidenvölker zu dem in Israel hell aufleuchtenden Heil (Jes 60), das Hervorgehen des Retters aus Betlehem in Juda (Mi 5,1.3), die wunderbare Rettung des neugeborenen Mose vor den Mordplänen des ägyptischen Pharao (Ex 2) sowie das Hervorrufen des Sohnes Gottes durch Gott „aus Ägypten" (Hos 11,1). Eher nebenbei sind kleine historische Erinnerungsreste mit eingeflossen, etwa an eine spektakuläre Sternkonstellation um die Zeit der Geburt Jesu oder an die manische Machtbesessenheit des Herodes, die ihn vor keiner Mordtat zurückschrecken ließ. Dies alles steht aber im Dienst des einen erzählerischen Ziels, die Bedeutung Jesu und den Bezugsrahmen seiner Geschichte erkennbar zu machen: Jesus, der wahre König Israels, wird von seinem Volk, bzw. dessen Herrschern, verfolgt und verstoßen; Gott bekennt sich zu ihm als seinem Sohn und errettet ihn; die Heidenvölker erkennen – anders als Israel – in ihm den Bringer des Heils.

3. Jesus und der Täufer. Auf einigermaßen festen historischen Grund stellen uns erst die Aussagen der Quellen über den Täufer Johannes und die Verbindung Jesu mit ihm. Für ihre Zuverlässigkeit spricht schon ihre Tendenzwidrigkeit: Weil die frühen christlichen Gemeinden in Konkurrenz zu der Anhängerschaft des Täufers standen, waren sie bestrebt, die Eigenständigkeit und Überlegenheit Jesu gegenüber dem Täufer herauszustellen und das, was beide miteinander verband, herunterzuspielen.

Das lückenhafte Bild des Johannes, das die Evangelien (ergänzt durch den Bericht des Josephus in Ant. 18,116–119) vermitteln, lässt immerhin die Hauptzüge seines Wirkens und seiner Verkündigung erkennen. Er war vermutlich priesterlicher Herkunft (Lk 1,5), hatte sich jedoch vom Kult gelöst, um stattdessen in der judäischen Wüste, nahe der Mündung des Jordans in das Tote Meer, eine eschatologische Umkehrbewegung zu begründen. Nicht nur sein priesterlicher Hintergrund, sondern auch einzelne Motive seiner Verkündigung sowie – nicht zuletzt – die räumliche Nähe seiner Wirkungsstätte zu Qumrân haben die Vermutung genährt, dass er mit den dortigen Kreisen in Verbindung gestanden und durch sie geprägt worden sei. Wie dem aber auch sei: Gerade die entscheidenden Merkmale seiner Predigt und seines Wirkens, nämlich ihre Ausrichtung auf das Volk in seiner Gesamtheit und ihr unkultischer Charakter, unterscheiden ihn markant von der in Qumrân herrschenden Einstellung. Er wirkte nicht als Priester, sondern als endzeitlicher Profet, der mit dem Anspruch, von Gott besonders berufen zu sein, Israel in seiner Gesamtheit zu Umkehr und Erneuerung angesichts des unmittelbar bevorstehenden Weltendes aufrief. Motive apokalyptischer Eschatologie waren für die Predigt des Johannes bestimmend. In ihrem Zentrum stand die Drohung mit dem kommenden Zornesgericht, das auch die Frommen treffen wird (Lk 3,7/Mt 3,7[Q]). Ihr korrespondierte das Angebot einer letzten Möglichkeit, dem Gericht zu entrinnen, nämlich die „Umkehrtaufe zur Vergebung der Sünden" (Mk 1,4). Das heißt: Errettung vor dem kommenden Gericht war für den möglich, der seine Sünden bekannte, die Zusage einer künftigen totalen ethischen Lebensveränderung gab und sich durch Johannes im Jordanfluss untertauchen ließ.

Diese Taufe war kein Reinigungsritus; ihr lag nicht die Metaphorik des Abwaschens, sondern die des Ertränktwerdens zugrunde: Stellvertretend für den kommenden Weltrichter und von Gott autorisiert, vollzog Johannes einen zeichenhaften Akt der Vernichtung und Tötung, der das kommende Gericht in abgemilderter Form vorwegnahm. Wer sich der Wassertaufe unterzog, dem war – unter der Voraussetzung tatsächlicher Umkehr – Bewahrung vor der kommenden Feuertaufe zugesagt (Lk 3,16/Mt 3,11[Q]). In dieser seiner Funktion als der „Täufer", d.h. als der zu diesem vorwegnehmenden Gerichtsakt Bevollmächtigte, hat Johannes sich offenbar auch als Vorläufer eines kommenden „Stärkeren" gewusst, der „mit heiligem Geist und Feuer taufen" werde (Lk 3,16/Mt 3,11). Und zwar war mit diesem „Stärkeren" schwerlich Gott selbst gemeint, sondern eine messianische Richter- und Rettergestalt – vielleicht der „Menschensohn" (vgl. S. 52; 119).

Nach dem Markusevangelium ging dem öffentlichen Auftreten Jesu seine Begegnung mit dem Täufer voraus:

> Und es geschah in jenen Tagen, da ging Jesus aus Nazaret in Galiläa hinaus und ließ sich im Jordan durch Johannes taufen. Und als er aus dem Wasser heraufstieg, schaute er die Himmel zerteilt und den Geist einer Taube gleich auf sich selbst herabkommen. Und es erging eine Stimme aus den Himmeln: „Du bist mein Sohn, der Geliebte, dich habe ich erwählt." (Mk 1,9–10).

Wird hier die Begegnung auf den punktuellen Vorgang des Sich-Taufen-Lassens eingeschränkt, so korrigiert das Johannesevangelium dieses Bild auf Grund eines anderen Überlieferungsstrangs, der Jesus (Joh 1,29–34) und zwei seiner späteren Jünger (Joh 1,40) inmitten des Schülerkreises des Täufers zeigt. Demnach hat Jesus vor dem Beginn seines eigenständigen Wirkens für eine gewisse Zeit zum Kreis um den Täufer gehört und ist durch ihn auch getauft worden. Es gibt darüber hinaus gute Gründe für die Annahme, dass die Taufe durch Johannes den Anlass dafür gegeben hat, dass Jesus sich vom Täufer getrennt hat, um eine eigenständige Wirksamkeit zu beginnen. Hinter dem markinischen Taufbericht dürfte nämlich die Erinnerung daran stehen, dass für Jesus die Taufe ein Berufungserlebnis gewesen ist, das ihn seiner eigenen Sendung durch Gott hat gewiss werden lassen. Zu solcher Gewissheit konnte er jedoch nur unter der Voraussetzung kommen, dass er seine Sendung als von der des Täufers deutlich unterschieden wahrnahm und dass er darüber hinaus seinen Verkündigungsauftrag als in zentralen Punkten neu und andersartig gegenüber dem des Täufers begriff.

Darauf verweisen zwei markante Unterschiede: Jesus hat erstens nicht getauft (Joh 4,2), und er hat zweitens bei seiner Verkündigung der nahen Herrschaft Gottes die Akzente anders gesetzt. Nicht das bevorstehende Zornesgericht motiviert bei ihm die Umkehrforderung, sondern die Gewissheit, dass die nahe Gottesherrschaft bereits in die Gegenwart hineinwirke in Gestalt der die Situation von Menschen und Welt heilvoll verändernden Nähe Gottes. Beide Unterschiede hängen unmittelbar zusammen. Ist die Königsherrschaft hingegen so unmittelbar nahe, dass sie in die Gegenwart hineinwirkt, dann ist für eine Vorbereitung auf sie in der Weise der Vorwegnahme des Gerichtes, wie sie in der Johannestaufe geschieht, kein Raum mehr. Nun gilt es, der Königsherrschaft dadurch gerecht zu werden, dass man ihre heilvolle Gegenwart ergreift und sich denkend und handelnd auf sie einstellt.

Man wird diese Unterschiede vor dem Hintergrund fundamentaler Übereinstimmungen sehen müssen. Zweifellos hat Jesus durch Johannes die für sein Wirken letztlich entscheidenden Impulse empfangen, auch wenn er andere Wege gegangen ist. Für ihn blieb der Täufer eine zentrale Gestalt, in deren Auftreten er eine Epochenwende sah (Lk 16,16[Q]). Niemals hat er sich polemisch gegen ihn und seine Lehre gewendet – hätte er es getan, so hätte das die christliche Überlieferung nur allzu gern aufgenommen.

Auch räumlich vollzog Jesus die Trennung vom Täufer. Er kehrte – vielleicht, wie die Überlieferung andeutet, nach einer Zeit der inneren Klärung und Vorbereitung (Mk 1,12f) – aus der judäischen Wüste der Jordansenke in seine Heimat Galiläa zurück. Dort begann er sein eigenständiges öffentliches Wirken (Mk 1,14f).

4. *Der Beginn des öffentlichen Wirkens.* Hinsichtlich der Datierung dieses Beginns fehlen uns zuverlässige Angaben. Wir sind deshalb auf Rückschlüsse angewiesen. Nach Lk 3,1 hat das öffentliche Auftreten Johannes' des Täufers „im 15. Jahr der Herrschaft des Kaisers Tiberius" begonnen, d.h. entweder zwischen Sommer 28 und Sommer 29, oder – nach einer anderen möglichen Umrechnung – zwischen Sommer 27 und Sommer 28. Nimmt man an, dass Jesus zum Täufer nicht schon gleich nach Beginn von dessen Wirken gekommen ist,

so wäre der Beginn seines eigenen Wirkens entweder auf das Frühjahr 28 oder das Frühjahr 29 zu datieren. Beides würde gut zu der (allerdings umstrittenen) Angabe in Lk 3,23 passen, derzufolge Jesus „etwa 30 Jahre alt" war, als er begann, öffentlich zu wirken. Gehen wir von 4 v. Chr. als seinem Geburtsjahr aus, so wäre er damals 33 oder 34 Jahre alt gewesen.

Ob die Darstellung des Lukasevangeliums (Lk 4,14–30) historisch zutrifft, wonach Jesus sein Wirken im Heimatort Nazaret begann und erst durch dessen Erfolglosigkeit veranlasst wurde, von dort wegzugehen, ist fraglich. Mehr spricht dafür, dass dem Anfang seines öffentlichen Hervortretens der Umzug von Nazaret nach Kafarnaum und damit das Verlassen von Heimat und Familie vorhergegangen ist (Mk 1,21). Das war ungewöhnlich, zumal im Bereich einer Kultur, in der familiäre Bindungen die Grundstruktur gesellschaftlichen Lebens bildeten und der Einzelne sich durch seine Zugehörigkeit zu Sippe und Familienverband definierte. Wir erfahren darum auch vom gespannten Verhältnis Jesu zu seiner Familie, die zunächst seinen Weg missbilligte und sich dadurch sogar diskreditiert sah. Bezeichnend dafür ist eine Episode, die vom erfolglosen Versuch seiner Mutter und seiner Brüder, ihn nach Hause zurückzuholen, handelt (Mk 3,31–34). Später – wahrscheinlich sogar erst nach Jesu Tod – hat sich das Verhältnis verändert: Jesu Mutter gehörte zur ältesten christlichen Gemeinde, sein Bruder Jakobus wurde deren Leiter (Gal 1,19).

Kafarnaum, ein kleiner Ort am Nordwestende des Sees Gennesaret, wurde zum Lebensmittelpunkt Jesu während seines galiläischen Wirkens. Anlass für diese Wahl dürfte vor allem gewesen sein, dass Jesus dort im Haus des Fischers Simon, der einer seiner ersten Anhänger – und wohl deren wichtigster – gewesen ist, Unterkunft gefunden hat. Der archäologische Befund hat die frühe Bedeutung des Petrushauses als Basis der galiläischen Jesusbewegung ins Licht gerückt. Unter den Fundamenten einer achteckigen Kirche aus byzantinischer Zeit wurden Reste von bescheidenen Fischerhäusern aus der Zeit Jesu entdeckt. Eines dieser Häuser war zwischen 50 und

100 n. Chr. aufwändig restauriert und in eine christliche Hauskirche umgewandelt worden. Dass es das Haus des Petrus war, ist kaum zweifelhaft.

5. Jesus in Galiläa. Von diesem Stützpunkt aus entfaltete Jesus eine Tätigkeit als von Ort zu Ort ziehender Wanderprediger. Seine Reiserouten lassen sich nicht genau rekonstruieren, da die Angaben über die Abfolge der von Jesus besuchten Orte in den Evangelien überwiegend in redaktionellen Zwischenbemerkungen stehen, mittels derer die Evangelisten die ursprünglich selbstständigen Traditionsstücke verbunden haben. Es gibt jedoch viele in alten Einzeltraditionen fest verankerte Ortsangaben, aus denen sich ein Bild des geografischen Bereichs des Wirkens Jesu gewinnen lässt. Neben Kafarnaum werden der See Gennesaret samt seiner Uferlandschaft sowie die seinem Norduferi nahe gelegenen Orte Chorazin, Betsaida und Magdala genannt. Daneben erscheinen vereinzelt die untergaliläischen Orte Nain und Kana, sowie auch einige Orte in zwei östlich an Galiläa angrenzenden Gebieten: dem Herrschaftsbereich des Herodessohnes Philippus (Cäsarea Philippi) und der Dekapolis, dem Bereich eines hellenistischen Städtebundes (Gadara). Der Schwerpunkt war also fraglos ein relativ kleines Gebiet im nördlichen Umfeld des Sees. Ungenannt bleiben die hellenistischen Städte Tiberias und Sepphoris. Jesus hat also sein Wirken auf jüdische Orte sowie auf Orte mit größerem jüdischem Bevölkerungsanteil beschränkt. Die Angabe über eine Reise Jesu in die heidnischen Küstenstädte Tyrus und Sidon (Mk 7,24.31) ist eine unhistorische dogmatische Konstruktion des Markus. Als ungeschichtlich muss auch der Bericht über ein Auftreten Jesu in Samarien (Joh 4) gelten. Die Bewohner dieses südlich an Galiläa angrenzenden Gebietes hatten sich religiös vom Jerusalemer Kult getrennt und galten darum in den Augen von Juden als unrein. Auch wenn Jesus diese Sicht nicht geteilt haben dürfte (Lk 10,30–37), hat er Samaria doch niemals betreten.

Gleich zu Beginn seines Wirkens sammelte Jesus einen Kreis von Jüngern um sich. Man wird dem Sachverhalt, um den es dabei geht, nur gerecht, wenn man berücksichtigt, dass das entsprechende griechische Wort auch mit „Schüler" übersetzt werden kann. Dem entspricht, dass Jesus in seinem Verhältnis zu den Jüngern meistens als „Lehrer" charakterisiert wird. Jesu Lehre spielte bei der Begründung dieses Verhältnisses eine wichtige Rolle. Sie war aber weder der alleinige, noch gar der maßgebliche Faktor dafür.

Jesus entsprach nämlich in keiner Weise dem traditionell vorgeprägten Bild des Lehrers in Israel. Zwar dürfte er über eine breite, eigenständig geprägte Kenntnis der heiligen Schriften Israels – nicht nur der Tora, sondern auch einzelner Profetenbücher – verfügt haben. Wer sie ihm vermittelt hat, wissen wir nicht. Vermutlich hatte er in seiner Jugend in Nazaret die Möglichkeit, von ortsansässigen pharisäischen Schriftgelehrten zu lernen. Aber nichts deutet darauf hin, dass er eine geregelte schriftgelehrte Ausbildung in einem Lehrhaus als Schüler eines bestimmten Rabbi genossen hätte. Auch fehlt bei ihm der für Schriftgelehrte seiner Zeit typische schulmäßige Argumentationsstil. Jesus als Rabbi zu bezeichnen, wäre demnach zumindest missverständlich. Will man ihn unbedingt auf einen Typ festlegen, so wird man in ihm am ehesten einen Profeten nennen können.

Anders als die Schriftgelehrten seiner Zeit hat Jesus kein Lehrhaus gegründet, um dort Schüler in seine Lehre einzuweisen und sie zu Trägern und Tradenten einer Lehrtradition zu machen, die er seinerseits von seinen Lehrern übernommen hätte. Jesu Jünger waren nicht Glieder einer Traditionskette, sondern Mitwirkende an seinem Auftrag der Verkündigung der nahen Königsherrschaft Gottes in Israel. Sie traten nicht in sein Lehrhaus, sondern in eine Dienst- und Schicksalsgemeinschaft mit ihm ein, die im Zeichen der Endzeit stand. Auslöser dafür war jeweils ein Akt der persönlichen Berufung. Das kommt in den Berufungserzählungen zum Ausdruck, die in anekdotenhafter Typisierung Jesus als den zeichnen, der in charismatischer Vollmacht auf Menschen zugeht, um sie durch seinen Befehl: „Folge mir nach!" von einem Moment auf den anderen aus ihrem bisherigen Lebenskreis von Familie und Beruf herauszulösen, um sie an sich und seinen Auftrag an der Gottesherrschaft zu binden. So lassen etwa die Fischer Simon und Andreas auf den Ruf Jesu hin spontan ihr Fischerboot samt Vater und Knechten hinter sich zurück und gehen mit ihm (Mk 1,16–20; vgl. Mk 2,14).

Man hat zwischen einem engen und einem weiteren Jüngerkreis zu unterscheiden. Der engere Kreis bestand aus zwölf Männern. Ihre Namen und Beinamen (z. B. „Simon der Zelot") sowie das Wenige, das wir über einige von ihnen erfahren, lassen vermuten, Jesus habe sich bei ihrer Auswahl darum bemüht, Vertreter verschiedener Bevölkerungskreise und -schichten zu gewinnen. Das hätte insofern seinen guten Sinn gehabt, als die Zwölfzahl sicher eine symbolische Bedeutung als Anspielung auf die zwölf Stämme Israels hatte. (Vgl. S. 91)

Innerhalb des Zwölferkreises treten einzelne Jünger besonders hervor. So stand der Erstberufene, Simon aus Kafarnaum, in besonderer Nähe zu Jesus, was schon darin, dass er sein Haus Jesus als Standquartier zur Verfügung gestellt hatte, seinen Ausdruck fand. Simon war Sprecher des Zwölferkreises. Ob er seinen Beinamen „Petrus" (ursprünglich aram. $k^e f\hat{a}$ = „Felsgestein") von Jesus selbst erhalten hatte (so Mk 3,16; vgl. Mt 16,18), oder ob er ihm erst nachösterlich als erstem Zeugen des Auferstandenen zugewachsen war, lässt sich freilich nicht eindeutig entscheiden.

Von Simon wissen wir, dass er verheiratet war und auch nach seiner Berufung seine Ehe weitergeführt hat (1Kor 9,5). Von anderen Gliedern des engeren Jüngerkreises können wir das mit einer gewissen Sicherheit annehmen, da Ehelosigkeit eines erwachsenen Mannes im damaligen Judentum höchst ungewöhnlich und gesellschaftlich nicht akzeptiert war. Eine Ausnahme bildete die Gemeinschaft von Qumrân, in der es womöglich eine durch hoch gespannte apokalyptische Erwartung motivierte mönchische Lebensform gegeben hat. Wenn die verheirateten Jesusjünger während ihres Wanderlebens mit Jesus zeitweise aus der ehelichen und familiären Gemeinschaft heraustraten, so war dies letztlich auch durch ein apokalyptisches Motiv begründet: Die andringende Nähe der Gottesherrschaft setzte für die in ihrem Dienst stehenden Menschen neue Prioritäten, hinter denen die herkömmlichen Lebensformen von Ehe und Familie zurücktreten mussten. Hinzu kam die Gewissheit, dass die Gottesherrschaft eine neue, die bisherigen Formen menschlicher Gemeinschaft überholende Weise menschlichen Miteinanders hervorbringen werde (vgl. S. 95).

Jesus selbst hat jedoch, wie der Täufer, ehelos gelebt. Wäre er verheiratet gewesen, so wäre das völlige Schweigen der Quellen darüber weder verständlich, noch erklärbar, zumal Jesus die Ehe grundsätzlich positiv bewertet und sie als Anordnung und gute Gabe Gottes des Schöpfers als unauflösbar deklariert hat (Mk 10,2–12; Mt 19,3–9). Aufschlussreich in dieser Hinsicht ist ein Logion, in dem Jesus sich anscheinend kritisch mit Zeitgenossen auseinander setzte, die ihn wegen seiner ehelosen Lebensführung als „Eunuchen" – also als Kastraten – verdächtigten:

> Es gibt Eunuchen, die von Mutterleib so geboren sind, und es gibt Eunuchen, die von den Menschen kastriert wurden, und es gibt Eunuchen, die sich selbst wegen des Himmelreichs kastriert haben (Mt 19,12).

Jesus reihte sich in die dritte Gruppe ein: Er ist wegen seines Dienstes an der Gottesherrschaft „kastriert" – dies freilich in einem übertragenen Sinn. Sein Auftrag an der Gottesherrschaft lässt die eheliche Lebensform nicht zu. Es ist nicht Askese, also nicht ein grundsätzliches Nein zum Bereich von Vitalität und leiblicher Lebenserfüllung, sondern die Exklusivität und Totalität seiner Sendung.

Der weitere Jüngerkreis Jesu bestand aus Menschen, die grundsätzlich in ihrem normalen Lebensumfeld verblieben. Nur zeitweise mögen sie Jesus auf seiner Wanderschaft begleitet haben. Im Übrigen aber unterstützten sie ihn mit Geld und Sachgaben und öffneten ihre Häuser als Stützpunkte für ihn. Es ist damit zu rechnen, dass der Übergang von aktiver Jüngerschaft zu bloßem Sympathisantentum fließend gewesen ist.

Auch Frauen gehörten zu diesem weiteren Jüngerkreis. Das war in der damaligen Kultur mit ihrer patriarchalisch geprägten Gesellschaft ungewöhnlich, wenn nicht gar revolutionär. In Mk 15,40f und Lk 8,1–3 sind uns zwei Listen von Jesusjüngerinnen überliefert, wobei die Namen allerdings differieren. Nur ein Name ist ihnen gemeinsam, und er steht jeweils an erster Stelle: Maria aus Magdala in Galiläa. Wir erfahren von ihr, dass Jesus an ihr einen Exorzismus vorgenommen hatte, so dass aus ihr „sieben Dämonen ausgefahren" waren (Lk 8,2), sowie ferner, dass sie Jesus bis nach Jerusalem nachgefolgt und dort – im Unterschied zu den ängstlich geflohenen Jüngern – Zeugin seiner Kreuzigung gewesen ist. Darüber hinaus wird sie in Teilen der Überlieferung als (erste?) Zeugin des Auferstandenen benannt (Mt 28,9; Joh 20,11–18). Sie hat also sicher in der Jesusbewegung eine – der des Simon Petrus vergleichbare – wichtige Rolle gespielt. Weiter gehende Spekulationen, etwa darüber, ob zwischen ihr und Jesus eine sexuelle Beziehung oder gar eine Ehe bestand, sind nicht nur ohne jede direkte Basis in den Quellen. Sie werden auch durch alles, was wir über Leben und Struktur des Jüngerkreises wissen, widerlegt und müssen darum als Produkte wunschgeleiteter Phantasie gelten.

Dass zum Kern der Jesusbewegung auch Frauen gehörten, war in der damaligen Gesellschaft schon ungewöhnlich genug. Kaum anzunehmen ist jedoch, dass die Jüngerinnen das Wanderleben Jesu in gleicher Weise wie die männlichen Jünger ständig geteilt haben. Bei den verheirateten Jüngerinnen hätten dem schon familiäre Pflichten und Zwänge entgegengestanden. Aber auch die unverheirateten wären damit auf unüberwindliche gesellschaftliche Widerstände gestoßen. Wahrscheinlich haben die Frauen Jesus nur zu besonderen Anlässen begleitet, wie auf der Pilgerreise nach Jerusalem (Mk 15,40f), wo ein gemeinsames Reisen von Männern und Frauen in Gruppen üblich gewesen ist. Hätten die Frauen ständig mit dem männlichen Jüngerkreis gelebt und – wie das bei dessen Wanderexistenz üblich gewesen sein dürfte – die Nächte miteinander im Freien verbracht, so hätte dies auf die Umgebung als skandalöse Provokation gewirkt und in der Überlieferung entsprechende Spuren hinterlassen. Der Beitrag der Jüngerinnen dürfte sich darum schwerpunktmäßig im Bereich herkömmlicher weiblicher Rollen gelegen haben. Sie haben Jesus auf vielfältige Weise materiell unterstützt, Verpflegung, Geld und Unterkunft beschafft und – sofern sie wohlhabende und einflussreiche Männer hatten – ihre Verbindungen für ihn spielen lassen, so, wie von der in Lk 8,3 namentlich erwähnten Frau eines Hofbeamten des Antipas berichtet wird.

Der episodische Charakter des Quellenmaterials verwehrt uns eine zuverlässige Rekonstruktion von chronologischen Abläufen und Ereignisfolgen innerhalb des galiläischen Wirkens Jesu. Einiges könnte allenfalls dafür sprechen, dass die – in ihrer vorliegenden Gestalt sicherlich redaktionelle – Darstellung des Ereignisverlaufes (Mk 1,14–8,26) alte Erinnerung bewahrt. Demnach hätte Jesus zu Beginn seines Wirkens großen Erfolg gehabt, und es sei ihm gelungen, durch seine Verkündigung große Volksmassen zu gewinnen. Nach diesem so genannten „galiläischen Frühling" aber hätten sich zunehmend Schwierigkeiten eingestellt, Gegner hätten sich formiert, das Volk hätte sich von ihm abgewandt. Immer stärker hätte sich Jesus vom Volk zurückgezogen, um schließlich – allein von seinen Jüngern begleitet – den Gang nach Jerusalem anzutreten. Daran mag Richtiges sein. Keinesfalls wird man es aber überbewerten dürfen. Es gibt keinen Hinweis dafür, dass Jesus sein galiläisches Wirken aus Enttäuschung über Fehlschläge abgebrochen haben könnte.

6. *Datierungsfragen.* Wie lang hat diese galiläische Periode gedauert? Auch hierüber haben wir nur unklare Angaben. So sind wir auf Kombinationen angewiesen. Die Darstellung des Markus, der sich die beiden anderen Synoptiker anschließen, erweckt den Eindruck, dass sie sich nur über ein einziges Jahr erstreckt habe. Genau markiert ist lediglich ihr Ende kurz vor einem Pessachfest, zu dem Jesus nach Jerusalem zog, d. h. im Frühjahr. Weitere Hinweise auf Festzeiten, die ja den Rhythmus des Jahresablaufs bestimmten, fehlen völlig. Anders steht es im Johannesevangelium, das dem Todespessach noch mindestens zwei Reisen Jesu zum Pessachfest nach Jerusalem vor-

ausgehen lässt: Die erste liegt unmittelbar vor dem Beginn seines Wirkens (Joh 2,13), weitere werden in Joh 6,4 ausdrücklich genannt, und möglicherweise ist mit dem in Joh 5,1 erwähnten, aber nicht näher bezeichneten Fest ein weiteres Pessach gemeint. Demnach hätte Jesus mindestens zwei volle Jahre öffentlich gewirkt. Aber die historische Zuverlässigkeit dieser Angaben des vierten Evangeliums ist zweifelhaft. Daraus, dass Johannes diese Jerusalemaufenthalte als große programmatische Auftritte Jesu in der Hauptstadt ausgestaltet hat – so hat er die so genannte Tempelreinigung, deren historischer Ort zweifellos das Todespessach gewesen ist, auf das erste Pessach zurückdatiert (Joh 2,14–22) – lässt sich nämlich erschließen, dass er sich bei seiner Darstellung von einer theologischen Tendenz leiten ließ: Er wollte die Präsenz Jesu in Jerusalem verstärken und als zu seinem galiläischen Wirken mehr oder weniger parallel verlaufend herausstellen. Die synoptische Darstellung dürfte so dem historischen Sachverhalt näher kommen. Jesu Wirken in Galiläa hat wohl kaum sehr viel länger als ein Jahr gedauert. Legen wir die für seinen Beginn erschlossene Datierung zugrunde, so ergibt sich, dass es etwa von Anfang 29 bis Frühjahr 30 gereicht haben dürfte, oder – weniger wahrscheinlich – von Anfang 28 bis Frühjahr 29.

Für den ersten Datierungsvorschlag spricht, dass er mit den Ergebnissen der Versuche, das genaue Todesdatum Jesu zu bestimmen, gut zusammenpasst. Allerdings sind diese Ergebnisse ebenfalls umstritten, da einige Unsicherheitsfaktoren eine genaue Berechnung unmöglich machen. Jesus ist in den Tagen des Pessachfestes hingerichtet worden – und zwar an einem Freitag, denn wir erfahren ausdrücklich, dass der folgende Tag ein Sabbat war (Mk 15,42; Joh 19,31.42). Aber war dieser Freitag – wie es die synoptischen Evangelien darstellen – der Pessachfesttag selbst, d.h. der 15. Tag des Frühlingsmonats Nisan? Das letzte Mahl Jesu mit seinen Jüngern hätte dann in der Pessachnacht vom 14. auf den 15. Nisan stattgefunden und wäre somit ein reguläres Pessachmahl gewesen. Anders datiert das Johannesevangelium. Nach seiner Darstellung ist Jesus bereits am Rüsttag des Pessach, dem

14. Nisan, gestorben (Joh 19,14.31). Demnach hätte das letzte Mahl in der Nacht davor nicht im Rahmen eines Pessachmahles stattgefunden. Jede dieser beiden Versionen steht unter dem Verdacht, durch ein theologisches Motiv bestimmt zu sein. Aber für die historische Richtigkeit der johanneischen Version sprechen mehrere Faktoren: Vor allem ist schwer vorstellbar, dass das Verhör Jesu durch das Synhedrion und seine Exekution am Festtag selbst erfolgt sein sollte. Außerdem enthält der Kern des alten Berichts vom letzten Mahl Jesu (Mk 14,22–25) keinerlei direkte Hinweise auf das Pessach, es hat sich demnach doch wohl um kein Pessachmahl im eigentlichen Sinn gehandelt (vgl. S. 110ff).

Demnach wäre das Pessachfest im Todesjahr Jesu auf einen Sabbat gefallen. Komplizierten astronomischen Berechnungen zufolge war das in den Jahren 30 und 37 n. Chr. der Fall. Das zweite Datum fällt nicht mehr in die Amtszeit des Präfekten Pilatus, der 36 n. Chr. abberufen wurde. So kommt nur das erste in Frage. Demnach war der 14. Nisan des Jahres 30 wahrscheinlich der Todestag Jesu.

VI. Motive und Aspekte des Wirkens Jesu

1. Der Profet der nahen Gottesherrschaft. Wie sein Lehrer Johannes der Täufer lebte auch Jesus in einem apokalyptischen Horizont. Gemeinsam war beiden die Vorstellung einer unmittelbar bevorstehenden Weltenwende, eines Eingreifens Gottes in das Weltgeschehen zu Gericht und Heil, die in dem Begriff der Königsherrschaft Gottes ihre zentrale Verdichtung fand. Es gibt nicht das geringste Anzeichen dafür, dass Jesus sich deshalb vom Täufer gelöst hätte, weil er dessen apokalyptischer Vorstellungswelt und deren Zukunftserwartungen den Abschied gegeben hätte, wie auch jede Andeutung einer Polemik gegen den Täufer in der Jesusüberlieferung fehlt.

Allerdings gibt es im Verständnis der Gottesherrschaft einen entscheidenden Unterschied zwischen Jesus und dem Täufer. Darauf verweist ein archaisch klingendes, vielleicht nur fragmentarisch überliefertes Wort:

> Ich sah den Satan wie einen Stern aus den Himmeln herabstürzen (Lk 10,18).

Für die Authentizität dieses Logions spricht seine Querständigkeit zur urchristlichen Überzeugung, wonach der Sieg über den Satan erst durch Kreuz und Auferweckung Jesu erfolgt sei (Joh 12,31; 16,11; Offb 12,5). In ihm kommt jedoch gerade die Gewissheit Jesu zum Ausdruck, die entscheidende Wende, nämlich den Satanssturz aus den Himmeln, bereits im Rücken zu haben. Das Logion ist fest in apokalyptischer Motivwelt verankert. In ihm begegnet, ähnlich wie im Schrifttum von Qumrân, die dualistische Vorstellung vom endzeitlichen Kampf zwischen Gott und den ihm feindlichen Mächten sowie der Gedanke einer parallel auf zwei Ebenen, dem Himmel und der Erde, verlaufenden Geschichte, wobei das himmlische Geschehen dem irdischen vorausgeht und es bestimmt. Aber – und das ist das Neue – die Entmachtung Satans liegt nicht mehr in der Zukunft; sie ist „in den Himmeln", im Bereich Gottes also, bereits erfolgt, und dieser himmlische Sieg wirkt sich darum jetzt schon auf der Erde, im Bereich menschlichen Lebens, aus. Damit rückt die Gegenwart in ein anderes Licht. Sie steht nicht mehr ausschließlich im Zeichen jener äußersten Machtentfaltung widergöttlicher Kräfte, die – nach herkömmlichem apokalyptischem Denkschema – der Durchsetzung der Herrschaft Gottes vorhergeht. Sie ist vielmehr offen für die Herrschaft Gottes und bietet ihr Raum für ihr Wachstum und ihre Entfaltung auf Zukunft hin. Die Macht des Bösen ist in der Gegenwart zwar noch nicht ausgeschaltet. Sie ist immer noch spürbar und erfahrbar, doch sie ist gebrochen.

Nicht auszuschließen ist, dass dieses Logion die Berufungsvision Jesu zusammenfasst, die ihm möglicherweise bei seiner Taufe zuteil geworden ist. Wie dem auch sei – auf alle Fälle benennt es die für Jesu Trennung vom Täufer maßgebliche Motivation. Jesus verkündigte die Nähe der Herrschaft Gottes. Aber er verkündigte sie nicht mehr vor dem Hintergrund einer schroffen Scheidung von Unheilsgegenwart und Heilszukunft. Für ihn konnte es nicht mehr nur darum gehen, die Menschen durch Umkehrforderung und Taufe vor den Folgen ihres Lebens in der gegenwärtigen Unheilssphäre zu bewahren und sie so auf die bevorstehende Wende vorzubereiten. Jesus sah seinen Auftrag darin, den Menschen die Möglichkeit zu geben, jetzt schon die andringende heilvolle Nähe der Gottesherrschaft zu erfahren und sich durch sie verändern zu lassen.

Der Täufer hatte ein profetisches Sendungsbewusstsein. Nach einer langen Periode des Verstummens der Profetie wusste er sich von Gott gesandt und autorisiert, Israel auf die nahen Endzeitereignisse vorzubereiten, und zwar durch seine Bußpredigt und die von ihm vollzogene Taufe. Auch Jesus hat sich wohl in erster Linie als Profet verstanden. Wie Johannes wusste auch er sich von Gott mit einer besonderen, an seine Person gebundenen und auf die Gottesherrschaft bezogenen Vollmacht beauftragt. Aber anders als Johannes sah er seinen Ort nicht im Vorfeld der Gottesherrschaft, sondern in dieser selbst. Er wusste sich als ihr Repräsentant und Sachwalter. In seiner Person griff die Gottesherrschaft, Zukunft vorwegnehmend, bereits in die Gegenwart ein. Dies freilich nicht in der Weise eines gleichsam magisch wirkenden Fluidums. Nach Jesus war die Gottesherrschaft wesenhaft ein neues Handeln Gottes. Dessen Neuheit und Andersartigkeit durch seine Worte und sein Verhalten anschaubar werden zu lassen, war sein Auftrag. Er trat mit dem Anspruch vor die Öffentlichkeit Israels, die Gottesherrschaft in seiner Person zu verantworten. Daran, ob die Menschen in der Begegnung mit ihm diesem Anspruch Recht zu geben bereit waren, fiel zugleich die Entscheidung für oder gegen den Zugang zur Gottesherrschaft.

Von daher wird vollends verständlich, warum Jesus nicht getauft hat. Die personhafte Begegnung mit ihm trat an die Stelle der Johannestaufe, um diese insofern zugleich zu überholen, als sie unmittelbare Konfrontation mit der Gottesherrschaft – und nicht nur Vorbereitung auf diese – war.

Natürlich wirkte sich diese neue Akzentsetzung auch auf die Gestalt des apokalyptischen Horizonts aus. Zwar findet sich die Grundstruktur apokalpytischer Naherwartung auch bei Jesus. Er hat den sichtbaren Anbruch der Endzeit in allernächster Zukunft, noch innerhalb der gegenwärtig lebenden Generation, erwartet (Mk 9,1; 13,30). Das Vaterunser, das Gebet, das er seine Jünger lehrte, enthält an zentraler Stelle die Bitte um das Kommen der Gottesherrschaft (Lk 11,2 [Q]), und in seinem Heilszuspruch für die Armen, Hungernden und Trauernden, den so genannten Seligpreisungen, erscheint die Gottesherrschaft mit ihren Heilsgaben ebenfalls als etwas bald Kommendes:

> Glücklich ihr, die Armen, denn euch gehört die Herrschaft Gottes;
> glücklich ihr, die ihr jetzt hungert, denn ihr sollt satt werden;
> glücklich ihr, die ihr jetzt weint, denn ihr werdet lachen.
> (Lk 6,20f [Q]).

Aber diese Naherwartung ist entspannt; das lodernde apokalyptische Feuer ist zu einer stillen Glut zurückgenommen, ohne freilich ganz erloschen zu sein. So enthält die älteste Überlieferungsschicht keinerlei Spuren von apokalyptischen Terminspekulationen. Offenbar hat Jesus alle Versuche seines Anhängerkreises, Datum und Ablauf der Endereignisse zu berechnen, zurückgewiesen (Mk 13,32). Dazu fügt sich eine weitere Beobachtung. Während zeitgenössische apokalyptische Schriften sich in ausschweifenden Schilderungen des Lebens und der Verhältnisse in der Heilszukunft ergehen, ist Jesus in dieser Hinsicht zurückhaltend, ja karg. Die an ihn von sadduzäischen Gegnern herangetragene Frage, wie und unter welchen Bedingungen eheliche Gemeinschaft in der zukünftigen Auferstehungswelt weitergeführt werden könne, weist er als spekulativ und unangemessen zurück, um stattdessen auf das allein Entscheidende zu verweisen: die Treue Gottes. Gott als der Lebendige wird seine Gemeinschaft mit den Menschen, die er zu sich in Beziehung gesetzt hat, auch über den Tod hinaus in der zukünftigen Welt durchhalten (Mk 12,26). Damit ist zugleich alles Entscheidende über das Wesen der Gottesherrschaft gesagt.

Im Übrigen beschränkt sich Jesus auf ein einziges – überdies in strenger Konzentration verwendetes – Bild: das festliche Freudenmahl. Die zur Gottesherrschaft Gerufenen werden mit den Vätern Israels „zu Tische liegen" (Mt 8,11); Jesus wird in Gottes endzeitlicher Tischgemeinschaft zusammen mit den Seinen aus dem mit Wein gefüllten Becher – dem Inbegriff festlicher Freude – trinken (Mk 14,25). Nirgends werden die üppigen Tafelfreuden eines eschatologischen Schlaraffenlandes ausgemalt. Nichts lenkt von dem zentralen Verständnis des Mahles als des Inbegriffs freudigen, erfüllten Lebens in der Gemeinschaft mit Gott ab.

Weil Jesus bereits in der Gegenwart die Gottesherrschaft vertritt und Menschen die Möglichkeit der Teilhabe an ihr eröffnet, darum ist in ihm auch diese Festfreude schon wirksam gegenwärtig. Mit seinem Kommen beginnt eine Freudenzeit. Sie löst die durch den Täufer repräsentierte Zeit der Trauer, der Erfahrung der Unheilsverfallenheit der gegenwärtigen Welt und der Ausweglosigkeit der menschlichen Lebenssituation ab. An die Stelle des büßenden Fastens ist die hochzeitliche Freude getreten (Mk 2,19). Wie sich dieser Gegensatz im Urteil der Zeitgenossen spiegelte, lässt sich einem bewusst drastisch karikierenden Wort Jesu entnehmen:

> Johannes der Täufer ist gekommen, aß kein Brot und trank keinen Wein, und ihr sagt: Er hat einen Dämon!
> Der Menschensohn ist gekommen, isst und trinkt, und ihr sagt: Siehe, der Fresser und Weinsäufer, Freund der Zöllner und Sünder!
> (Lk 11,33)

Gerade weil man im Täufer und in Jesus zwei Profeten der nahen Gottesherrschaft wahrnahm und von beiden den Ruf zur Umkehr hörte, wirkte der Unterschied zwischen ihnen umso irritierender. Die asketische Lebensführung des Täufers passte zwar zu seiner Botschaft; sie als übertrieben, wenn nicht gar als Folge von Besessenheit abzutun, lag nahe. Der unasketische Lebensstil Jesu, der sich für Außenstehende als sorglos-unbekümmerter Lebensgenuss in der Kumpanei zweifelhafter Existenzen darstellen mochte, stand jedoch in offenem Widerspruch zum vorgefassten Bild eines eschatologischen Profeten und schien ihn bereits von vornherein zu diskreditieren.

In der Tat gehörten festliche Mahlzeiten zu den markant hervortretenden Zügen des Wirkens Jesu. Jesus hat mit Zöllnern und Prostituierten, jenen Menschen also, die sich auf Grund ihrer der Tora widersprechenden Lebensführung von der Gemeinschaft Israels abgesondert hatten und darum als unrein galten, Tischgemeinschaft gehalten. Er hat sich damit den Vorwurf von Pharisäern zugezogen, die kultische Reinheit des Gottesvolkes zu gefährden. Wenn er sich dagegen mit dem Hinweis darauf verteidigte, durch die Gewährung der Tischgemeinschaft als Arzt und Heiler zu handeln (Mk 2,15–17), so war dies ein Hinweis auf seine Sendung: In diesen gemeinsamen Mahlzeiten mit den Außenseitern und Randständigen des Gottesvolks erging an sie das Angebot der in Jesus wirksamen heilenden und befreienden Nähe der Gottesherrschaft. Auch mit seinen Jüngern und mit großen Scharen seiner Anhänger hat Jesus festliche Mahlzeiten gehalten, in denen die Festfreude der kommenden Gottesherrschaft als bereits gegenwärtig wirksam erfahren werden konnte. Die Erinnerung daran dürfte hinter den Berichten von Speisungen großer Volksmengen stehen, die erst sekundär in der Überlieferung zu Wundergeschichten umstilisiert worden sind (Mk 6,35–44; 8,1–9; Joh 6,1–15).

Festliche Freude war freilich nur eine Seite des Wirkens Jesu. Wie der Täufer, so rief auch er zur Umkehr auf und drohte denen, die zur Umkehr nicht bereit waren, das nahe Gericht an. Neu und anders war bei ihm jedoch die Vorordnung der Heils- vor der Gerichtsverkündigung, und damit auch die Motivation des Umkehrrufs. Weil Gottes Herrschaft durch ihn nahe gekommen war, war die Möglichkeit eröffnet, jetzt schon die machtvolle Nähe der Königsherrschaft zu erfahren und ihrer verändernden Kraft im eigenen Leben Raum zu schaffen. Das Neue ist bereits da, die Macht des Satans, des Inbegriffs der widergöttlichen Kräfte, ist bereits gebrochen! Allein darauf kommt es an, sich auf den festen Grund dieses Neuen zu stellen und sich von ihm zu einem erneuerten Verhalten verwandeln zu lassen! Das ist der zentrale Duktus der Verkündigung Jesu. Sie setzt nicht ein mit der Angst machenden Drohung vor dem kommenden Gericht, sondern mit der froh machenden Zusage der Gegenwart des Heils.

Die Gerichtsverkündigung ist freilich von dieser Heilszusage nicht ablösbar; sie ist gleichsam deren dunkle Rückseite. Darin bleibt Jesus dem Grundschema jüdischer Apokalyptik treu, dass auch für ihn in der Vorstellung der Königsherrschaft Gottes beides – Gericht und Heil – untrennbar zusammengebunden ist. Zu Gottes heilvoller Selbstdurchsetzung gehört sein Sieg über die ihm feindlichen Mächte des Bösen. Weder bejaht Gott die bestehenden Verhältnisse und das durch sie bestimmte menschliche Verhalten in seiner Negativität, noch erklärt er das Negative für eine in sich nichtige, durch die Übermacht des Positiven neutralisierte Größe. Er führt vielmehr Neues, seinem Willen Gemäßes herauf, indem er das Alte, seinem Willen Widerstreitende bekämpft und vernichtet. Wie Gott den Satan im Himmel bereits entmachtet hat, so wird er ihn auch auf der Erde entmachten. Darum sind jene Menschen, die sich dem in Jesus auf sie zukommenden Neuen verschließen, um sich für das Weiterleben im Alten zu entscheiden, dem Gericht Gottes verfallen. So sagt Jesus in seinen Weherufen den galiläischen Städten Chorazin und Betsaida das Gericht an, weil sie angesichts seines Heilsangebots die Umkehr verweigert haben (Lk 10,13–15/Mt 11,21–24 [Q]). Das Kommen des Reiches, um das Jesus seine Jünger beten lehrt, bedeutet, dass Gottes Wille wie er schon im Himmel durchgesetzt ist, sich auch auf Erden durchsetzen wird (Mt 6,10).

Aber beruht unsere starke Hervorhebung des apokalyptischen Grundmotivs der Verkündigung Jesu nicht vielleicht auf einem historischen Irrtum? Schon seit Beginn des 20. Jahrhunderts hat die Forschung nämlich festgestellt, dass in der Jesusüberlieferung apokalyptische Elemente scheinbar beziehungslos neben solchen stehen, die von einem volkstümlichen weisheitlichen Denkmuster geprägt erscheinen. Zu den letzteren gehören vor allem jene Worte aus der Bergpredigt, die zu unbekümmerter Sorglosigkeit auffordern. Die „Vögel des Himmels", die weder säen, noch ernten und auf Vorratswirtschaft verzichten, weil sie sich darauf verlassen, dass „unser himmlischer Vater" sie ernähren werde, und die „Lilien des Feldes", die „weder spinnen, noch nähen", und deren Äußeres doch schöner ist als der König Salomo in der Pracht seiner Herrschergewänder – sie werden als Vorbilder einer Lebensführung in Sorglosigkeit und Freiheit von allen Zwängen dargestellt (Lk 12,22–32/Mt 6,25–34). Es hat den Anschein, als melde sich hier ein naiv-fröhliches Grundvertrauen auf die ungebrochene Güte der vorfindlichen Schöpfung zu Wort, das jeden Gedanken an deren Gebrochenheit und ihre Geprägtheit durch die Macht des Bösen verdrängt.

Man wird das schwerlich – wie das früher zuweilen versucht wurde – psychologisierend auf einen Bruch innerhalb der Persönlichkeit Jesu zurückführen können. Neuerdings wurde von amerikanischen Forschern (J.D. Crossan; B.M. Mack) eine sehr viel radikalere Lösung vorgeschlagen: Nur in den weisheitlich geprägten Überlieferungsteilen sei die authentische Stimme Jesu zu hören; alle apokalyptischen Elemente seien hingegen spätere verfälschende Zutaten des frühen Christentums. Der wahre historische Jesus sei ein von jüdischer Apokalyptik wie überhaupt von klassischen theologischen Traditionen des Judentums nahezu unberührter galiläischer Bauer gewesen. Wenn es eine ihn prägende Tradition gegeben habe, so sei es die der kynischen Popularphilosophie des Hellenismus gewesen. Wie Diogenes, das Vorbild aller Kyniker, sei Jesus ein Aussteiger aus den gesellschaftlichen, wirtschaftlichen und politischen Zwängen gewesen, der die konformistischen Zeitgenossen durch seine Lebensweise und durch paradoxe Weisheitssprüche provoziert habe. Er habe sich an die Spitze einer politische und gesellschaftliche Strukturen in Frage stellenden Protestbewegung gesetzt, zu einem Leben in ungebundener Freiheit aufgerufen und sich zusammen mit seinen Anhängern und Anhängerinnen um die Verwirklichung des philosophischen Ideals der Autarkie, einer von äußeren Einflüssen unabhängigen, in sich ruhenden Existenz, bemüht. Diese These vom kynischen Aussteiger mag dem Wunsch nach einem zu heute gängigen Leitvorstellungen passenden Bild Jesu entgegenkommen. Von den Quellen her erweist sie sich jedoch als unhaltbar. Auch wenn Jesus eine von seiner Konzeption der Gottesherrschaft her „entspannte" Form von Apokalyptik vertrat, sind apokalyptische Züge so hervorstechend und zentral in der Überlieferung, dass sie sich nicht einfach eliminieren lassen. Und was den Widerspruch zwischen apokalyptischen und weisheitlichen Überlieferungselementen anlangt, so erweist er sich als keineswegs unüberbrückbar. Bei näherer Betrachtung wird nämlich deutlich: Weder steht hinter den weisheitlichen Worten ein harmonistisches, konfliktfreies Weltbild, noch wollen sie als Anleitung zu freier Selbstverwirklichung in Autarkie verstanden sein. Die Voraussetzung der weisheitlichen Aussagen Jesu liegt nämlich in seiner apokalyptisch motivierten Vorstellung von der andringenden Nähe der Gottesherrschaft. Sie ermöglichte es ihm, die alte, bestehende Welt mit ihren fragwürdigen Lebensformen und hinfälligen Strukturen unter dem Blickwinkel der sich gegenwärtig in ihr realisierenden Gottesherrschaft zu sehen: Indem Gott sich anschickt, seine Macht in ihr durchzusetzen, gewinnen die alten weisheitlichen Regeln, die nach jüdischer Tradition keineswegs autonom sind, sondern die göttliche Weltordnung der Tora widerspiegeln, jetzt neue Leuchtkraft. Die Worte von den Raben und den Lilien sind nicht als allgemeine Regeln gemeint. Ihre Adressaten sind die Jünger Jesu. Als Menschen, die sich ganz in den Dienst der Gottesherrschaft gestellt haben und darum in einer Ausnahmesituation leben, dürfen sie das Sorgen hinter sich lassen in der Zuversicht, Gott, der als Schöpfer für die Raben und Lilien sorgt, werde als Herrscher der anbrechenden Endzeit auch für ihre Ernährung und Bekleidung sorgen.

2. *Die Sprache der Gottesherrschaft.* Jesus hat Formen sprachlicher Kommunikation entwickelt, die der spezifischen inhaltlichen Struktur seiner Verkündigung gemäß waren. Die Korrespondenz zwischen Inhalt und Form gibt seiner Sprache

ihre bis heute wirksame suggestive Kraft. Ein ganz eigener, unverwechselbarer Ton wird hier laut.

Das gilt zunächst für die vielen knappen *Sentenzen* und *Bildworte* mit ihrer Vorliebe für paradoxe und groteske Formulierungen. Die widersprüchliche Situation, die dadurch entsteht, dass die machtvoll andringende Gottesherrschaft auf Menschen und deren Alltagswelt trifft, macht Jesus in paradoxen Wendungen anschaulich. So in den Bildworten vom Salz und vom Licht (Mt 5,13–16): Da ist die Rede vom Salz, das seine Salzkraft verliert und darum hinausgeworfen und von den Leuten zertreten wird, von einem unmöglichen Vorgang also. Ist es nicht ebenso unmöglich, wenn Jünger Jesu die Botschaft Jesu mit ihrer alles durchdringenden, unwiderstehlichen Salzkraft matt und unwirksam werden lassen? Und ist es nicht unsinnig, wenn jemand eine Lampe, statt sie auf einen Leuchter zu stellen, unter einem Eimer versteckt – genauso unsinnig, wie wenn Menschen die alles erleuchtende Gottesherrschaft unsichtbar machen, und zwar durch ihr Verhalten? Denn ebenso wenig wie eine hoch auf dem Gebirge liegende Stadt – man soll da wohl an Jerusalem denken – verborgen bleiben kann, lässt es die Botschaft von der Gottesherrschaft zu, dass man sie versteckt.

Nicht minder unmöglich ist es, Zugang zur Gottesherrschaft zu suchen, die Bereitschaft zu einer ihr gemäßen Lebenshaltung jedoch zu verweigern. So will das groteske Bild vom Kamel, das sich vergeblich durch ein Nadelöhr zu quetschen sucht (Lk 18,25/Mt 19,24 [Q]), besagen: Dem, der sein Leben auf Reichtum und Besitz gründet, ist die der Gottesherrschaft gemäße Haltung des totalen Angewiesenseins und dankbaren Empfangens unerschwinglich.

Unverwechselbar in ihrem Duktus und ihrem Ton sind aber vor allem Jesu *Gleichnisse*. Die Gestalt, in der sie uns in den Evangelien vorliegen, ist stark durch spätere Ergänzungen und Erweiterungen bestimmt. Erst neuere Forschung hat die Übermalungen beseitigt und die ursprünglichen Fassungen wieder freigelegt. Dabei ist die erstaunliche thematische Einheitlichkeit der Gleichnisse sichtbar geworden. In den meisten von ihnen geht es um die Gottesherrschaft als eine Größe, in der die Zukunft bereits in die Gegenwart hineinragt sowie um den unmittelbaren Bezug der Person Jesu zur Gottesherrschaft.

Vordergründig gesehen, sind die Gleichnisse spannend erzählte Geschichten, die mitten in die alltägliche Lebenswelt der Menschen hineinführen. Heutigen Lesern bieten sie einen Querschnitt durch die sozialen und wirtschaftlichen Verhältnisse im damaligen Palästina. Wir erfahren in ihnen von armen Tagelöhnern, die auf dem Marktplatz darauf warten, dass jemand ihnen eine Arbeitsmöglichkeit für ein paar Stunden anbietet (Mt 20,1–16), von einem reichen, im Ausland wohnenden Latifundienbesitzer, der von den Pächtern seines Weinbergs den Ertrag eintreibt und dabei auf unerwartete Schwierigkeiten stößt (Mk 12,1–12), von einem Gutsverwalter, der geschickt in die eigene Tasche wirtschaftet (Lk 16,1–8) und von einem Hirten, der in den felsigen Abhängen des galiläischen Berglands ein verirrtes Schaf sucht (Lk 15,3–7/Mt 18,12–14 [Q]); wir sehen einem Bauern bei seinem mühsamen Säen auf einem kargen, steinigen Acker (Mk 3,1–9), einer Frau beim Brotbacken zu (Lk 13,20f/Mt 13,33); wir dürfen auch einen Blick in ein primitives Ein-Raum-Haus werfen, in dem Eltern und Kinder miteinander in dem einen vorhandenen Bett schlafen (Lk 11,5–8).

Jesus begnügte sich als Gleichniserzähler nicht damit, seinen Zuhörern und Zuhörerinnen durch Rückgriff auf Erfahrungen und Beobachtungen aus ihrem Alltagsleben allgemein einsichtige Wahrheiten bewusst zu machen. Er setzt vielmehr bei der alltäglichen Wirklichkeit ein, um sie der alles andere als alltäglichen Wirklichkeit der Gottesherrschaft entgegenzuführen. Alles kommt darauf an, dass sie auf diesem Weg mitgehen. Jesus bietet ihnen alltägliche Erfahrungen und Beobachtungen als Verständnishilfen für die von ihm vertretene Sache an. Nehmen die Hörer dieses Angebot an, so haben sie damit bereits einen wichtigen Schritt zum Verständnis und zur Zustimmung getan.

Doch dass sie es annehmen, ist keineswegs selbstverständlich. Das gilt zunächst von jenen Gleichnissen, die die Begegnung von Menschen mit der Gottesherrschaft thematisieren. So erscheint die Gottesherrschaft in den Gleichnissen vom Schatz im Acker und von der kostbaren Perle als eine verborgene Größe (Mt 13,44–46). Der Finder des im Acker vergrabenen Schatzes und der Entdecker der Perle inmitten der auf einem Markt feilgebotenen Waren – sie setzen beide ihre gesamte Habe ein, um in den Besitz des vergleichslos wertvollen Gutes zu kommen. Der Fund wird zu der ihr weiteres Leben einzig bestimmenden Größe. Die Freude über ihn lässt den Findern gar keine andere Wahl, als sich für ihn zu entscheiden – radikal und mit allen Konsequenzen. Die Hörer sollen verstehen: Nicht anders steht es mit ihnen, wenn sie der Gottesherrschaft begegnen. Aber dieses Verstehen hängt davon ab, ob sie bereit sind, dem Vergleich der Gottesherrschaft mit einem vergleichslos kostbaren Gut zuzustimmen. In den Gleichnissen vom Sämann (Mk 4,2–9), von der selbstwachsenden Saat (Mk 4,26–29) und vom Senfkorn (Mk 4,30–20) wird die Gottesherrschaft als ein unaufhaltsamer Prozess dargestellt. Aus kleinen, kaum sichtbaren Anfängen – wie aus dem winzigen Senfkorn – entfaltet sich ohne menschliches Zutun ein Wachstum, an dessen Ende überwältigende Größe und Fülle steht. Ebenfalls um überwältigende Größe und Fülle geht es im Gleichnis vom Festmahl (Lk 14,15–24 [Q]). Alle Glieder des Gottesvolkes sind zu ihm geladen. Hinter dem Bild des Gastgebers erscheint Gott selbst. Weil ihm daran liegt, dass sein Freudenfest zustande kommt und viele Gäste hat, lädt er auch Gäste dazu ein, die in den Augen mancher als unwürdig erscheinen. Im Gleichnis vom gütigen Arbeitsherrn (Mt 20,1–16) schließlich scheint die Gottesherrschaft auf in der Metaphorik der Lohnauszahlung an die Tagelöhner, die in seinem Weinberg gearbeitet haben: Alle – auch die nur eine Stunde lang tätig waren – erhalten unterschiedslos den vollen Tagelohn. Gottes Gerechtigkeit und seine schenkende Güte verbinden sich, alle menschlichen Berechnungen und Erwartungen überholend, zu einer paradoxen Einheit.

Die erzählte Welt der Gleichnisse ist keine heile Welt, sondern eine Welt der kleinen und großen Zwischenfälle und Katastrophen. So zieht Jesus mehrfach ausgesprochen unmoralische Geschichten als Vehikel seiner Botschaft heran. Dabei ist die provozierende Wirkung auf die Hörer bewusst einkalkuliert. So im Gleichnis vom betrügerischen Verwalter (Lk 16,1–8). Sein Held, der Treuhänder der Latifundien eines offenbar im Ausland lebenden Großgrundbesitzers, hat Betrügereien begangen, die ans Licht gekommen sind. Der Besitzer ist schon unterwegs, um ihn zur Rechenschaft zu ziehen. In dieser kritischen Situation landet der Verwalter nochmals einen Coup: Er sichert sich durch Fälschung der Schuldurkunden seiner Unterpächter Bestechungsgelder und sichert damit seine Existenz. Der Vergleichspunkt, auf den hin diese Geschichte angelegt ist, ist das wache Krisenbewusstsein des Gauners: Er weiß, was die Situation von ihm verlangt – nämlich ein entschlossenes Handeln. Und darin unterscheidet er sich von den Gleichnishörern, die sich der Krise der andringenden Gottesherrschaft nicht bewusst, geschweige denn bereit sind, die ihr angemessenen Konsequenzen zu ziehen. Die moralische Abscheu der Hörer vor dem Helden der Geschichte ist dabei vom Erzähler bewusst einkalkuliert. Er soll dem Verstehen ihrer Situation dienen: Wenn selbst der Gauner wusste, was an der Zeit war, warum sollten es nicht auch wir wissen angesichts der Krise der einbrechenden Gottesherrschaft? Denn im Verständnis der Gottesherrschaft als akuter Krise liegt die Pointe des Gleichnisses.

Die Gleichnisse wollen zum Verstehen der Gottesherrschaft anleiten. Dabei geht es um mehr als die bloße Entgegennahme allgemeingültiger, rational einsichtiger Informationen über sie, nämlich um die Zustimmung zu Jesus und seiner Sendung auf Grund der Einsicht, dass er mit dem, was er tut und sagt, das Handeln und den Willen Gottes gültig repräsentiert. Die Überzeugungskraft der Gleichnisse hängt an der Person ihres Erzählers. Indem Jesus die Gottesherrschaft in unkonventionellen und überraschenden, ja zuweilen Widerspruch herausfordernden Bildern und Geschichten abbildet, tritt er selbst mit seiner Person dafür ein, dass es sich mit ihr in der Tat so verhält. Jesus verantwortet mit seinem Verhalten den Inhalt der Gleichnisse, und umgekehrt interpretieren die Gleichnisse das Verhalten Jesu. Dieser komplexe Sachverhalt steht etwa hinter dem – auf den ersten Blick so einfach erscheinenden – Gleichnis vom Wiederfinden des Verlorenen:

> Wer unter euch, der hundert Schafe hat und verliert davon eines, lässt nicht die neunundneunzig zurück in der Wüste und geht dem Verlorenen nach, bis dass er es findet? Und wenn er es findet, wahrlich ich sage euch, dass er sich über es mehr freut als über die neunundneunzig nicht verlorenen (Schafe). (Lk 15,4–7/Mt 18,12–14/ThEv 64 [Rekonstruktion der Urfassung nach H. Weder]).

Hier wird zunächst auf ein geläufiges menschliches Verhalten zurückgegriffen: Wer wüsste nicht, dass Verlorenem alle Energie und Aufmerksamkeit zugewandt wird? Aber nun wird solches Verhalten auch für Gott in Anspruch genommen. Gott als Hirte Israels ist nämlich eine geläufige biblische Metapher. Steht sie im Hintergrund, dann werden hinter dem Bild des verloren gegangenen Schafes die verlorenen, abtrünnig gewordenen Glieder des Gottesvolkes sichtbar. Gottes Freude über die Rückkehr des Verlorenen wird auch im Verhalten des Vaters im Gleichnis von den beiden Söhnen (Lk 15,11–32) anschaubar: Diesem Vater macht es nichts aus, aus der Rolle eines würdevoll-distanzierten orientalischen Patriarchen herauszufallen und seinen Sohn, den zerlumpten Bettler, der ihm Schande gemacht hat, in die Arme zu schließen, und er lässt sich auch durch die Kritik des immer korrekt gebliebenen anderen Sohnes nicht beirren. Für ihn zählt allein die Freude des Wiederfindens. Gott setzt alles daran, die ins Abseits geratenen Glieder seines Volkes zu finden, er will sich freuen über ihre Wiedereingliederung in die Gemeinschaft Israels: Für diese Einsicht will das Gleichnis gewinnen (vgl. S. 92f).

Damit aber wird die Sache kompliziert. Denn nach gängiger Auffassung – etwa der Pharisäer – verlangt die Heiligkeit Gottes, dass diejenigen Glieder Israels, die sich durch ihr sündiges Verhalten unrein gemacht haben, klar auf Distanz gehalten werden, weil jeder Umgang mit ihnen die kultische Reinheit des Volkes gefährden würde. Von daher gab es durchaus Grund, die Angemessenheit dieser Metaphorik als Rede von Gott in Frage zu stellen – und damit zugleich die Angemessenheit des Handelns Jesu. Jesus hat sich in seiner Zuwendung zu den Randgruppen Israels, den Zöllnern und Prostituierten, eben auf das im Gleichnis begründete Handeln Gottes berufen, ja er hat den Anspruch erhoben, dass Gottes Suche nach dem Verlorenen sich durch ihn vollziehe, und er ist damit auf Protest derer gestoßen, die sich zu Verteidigern der göttlichen Reinheit und Heiligkeit machten (Mk 2,16). Dem Gleichnis Recht geben heißt also, auch Jesus in seinem Verhalten Recht geben – und umgekehrt. So sind die Gleichnisse weithin Kommentare zu Jesu Wirken. Sie enthalten nicht weniger kontroverses Potenzial wie dieses selbst.

Mehrfach hat Jesus sich und sein Wirken sogar direkt in die Gleichnisse eingezeichnet. So wird man ihn unschwer im Gleichnis vom Festmahl in dem einladenden Knecht erkennen (Lk 16,16.20.22), und ebenso im Gleichnis vom gütigen Arbeitsherrn in dem Verwalter, der im Auftrag des Weinbergbesitzers die abendliche Lohnauszahlung vornimmt (Mt 20,11).

3. Die Taten der Gottesherrschaft. Jesus lebte und handelte in dem Bewusstsein, dass Gott als der zur Herrschaft Kommende durch ihn repräsentiert werde. Das wird vollends deutlich in den überaus zahlreichen Berichten von Jesu Wundertaten.

Das historische Urteil über diese Berichte wird differenziert ausfallen müssen. Einerseits steht außer Frage, dass manche von ihnen so stark vom nachösterlichen Gemeindeglauben geprägt sind, dass sich ein unmittelbarer Rückschluss auf geschichtliche Vorgänge verbietet. Wunderhafte Züge wurden erst sekundär in ursprünglich nicht wunderhafte Berichte eingetragen (z.B. Mk 11,12–14; 14,47; Lk 5,1–11), ursprünglich vorhandene wunderhafte Züge wurden gesteigert, und in einigen Fällen wurden sogar Wundererzählungen aus der Umwelt auf Jesus übertragen (z.B. Mt 17,24–27; Lk 7,11–17; Joh 2,1–11). Andererseits aber gibt es einen festen Kern von Wundererzählungen, die sich mit einer gewissen Sicherheit auf Jesus selbst zurückführen lassen.

Jesus hat Taten vollbracht, die in den Augen der Zeitgenossen – und auch nach seiner eigenen Sicht – Wunder waren. Man muss sich dabei vorab die Differenz der Sichtweise, die uns Heutige von den Menschen der Antike trennt, bewusst machen. Für moderne Menschen ist die Einsicht in die Gesetzmäßigkeit allen Geschehens das entscheidende Urteilskriterium. Ihm zufolge handelt es sich bei Wundern um Vorgänge, durch welche die Naturgesetze durchbrochen werden – und darum letztlich um unmögliche Vorgänge. Die Wirklichkeitserfahrung antiker Menschen war jedoch nicht durch den Kanon der Naturgesetze eingegrenzt. Als Wunder galten ihnen alle Ereignisse, in denen sie das Wirken außergewöhnlicher Kräfte zu spüren meinten, sei es im Handeln von Menschen, sei es im Tun überirdischer Mächte. Nicht die Frage nach der Möglichkeit oder Unmöglichkeit eines wunderhaften Vorgangs stand für sie im Vordergrund, sondern die Frage danach, welche Kräfte und Mächte sich in ihm manifestierten. Dies spiegelt sich auch in der Terminologie: Die Wunder Jesu werden vorzugsweise „Machttaten" (Mk 6,2.5; 9,39) und „Zeichen" (Lk 11,29/Mt 12,39[Q]) genannt. Antike Menschen waren bereit, Vorgänge und Ereignisse als Hinweise auf Überirdisches – und das heißt: als Wunder – zu erfahren. Daran zu zweifeln, dass ihrer Erfahrungsbereitschaft auch eine Realität des auf dieser Verstehensebene Erfahrenen korrespondierte, sollte für uns kein Anlass bestehen. So war denn auch für die Antike ein fließender Übergang zwischen schulmäßig betriebener Medizin und religiös verankertem Wunderglauben (etwa in den Asklepiosheiligtümern) charakteristisch.

Jesus bleibt mit seinen Wundertaten ganz im Rahmen des zeitgenössischen Judentums. In diesem war die Erinnerung an große Lehrer und Gottesmänner lebendig, die Gottes Hilfe bei Krankheit und in Notlagen vermittelt hatten: so etwa an das Regenwunder des Rabbi Choni und an die Heilung eines kranken Kindes aus der Ferne durch das Gebet des Rabbi Chanina ben Dosa.

Es war aber durchweg die Macht Gottes, die als das Wunder bewirkend galt. Der Gedanke, dass der Wundertäter über Wundermacht selbstständig verfügte, war dem Judentum weitgehend fremd. Gleiches gilt auch von der im Judentum verabscheuten Magie, verstanden als die erlernte Fähigkeit, mittels bestimmter ritualisierter Praktiken – Beschwörungen, festgelegte Formeln und geheimnisvolle Handlungen – bestimmte Wirkungen zu erzielen. Beides wäre mit dem jüdischen Glauben an die alleinige Wirksamkeit Gottes des Schöpfers nicht vereinbar gewesen. So fehlen auch bei den Wundern Jesu magische Praktiken. Nirgends wird der Wundervollzug in Einzelheiten beschrieben. Wenn wir etwas von Worten und Gesten Jesu bei der Therapie erfahren – etwa davon, dass er die Ohren eines Taubstummen berührt und seine Zunge mit Speichel benetzt hat (Mk 7,33; vgl. Mk 8,23) – so sind das eher aus dem Rahmen fallende Ausnahmen. Wie ein roter Faden zieht sich jedoch durch alle Heilungsberichte die Betonung der persönlichen Zuwendung Jesu zu dem Kranken. Es sind durchweg Akte personhafter Begegnung, in denen Jesus als der erscheint, der dem Kranken die Nähe und Hilfe Gottes vermittelt.

Die in den ältesten Traditionsschichten berichteten Wunder sind entweder *Exorzismen* oder *Heilungen* (Therapien). Dabei sind die Übergänge zwischen beiden Typen fließend. Die ihnen zugrunde liegenden Vorgänge sind zumeist kaum unterschiedlich. Es handelt sich vorwiegend um psychosomatische Heilungen. Menschen werden von der lebensfeindlichen Macht einer Krankheit befreit. Unterschiedlich ist jedoch die jeweilige Betrachtungsweise.

Bei den Exorzismen (Mk 1,23–27; 5,1–20; 9,14–29) steht die Auseinandersetzung Jesu mit der lebensfeindlichen Macht im Vordergrund. Sie haben Kampfcharakter. Als Gesandter Gottes tritt Jesus dem Dämon gegenüber, der den Menschen besetzt hält und der als der Repräsentant widergöttlicher Mächte erscheint. Der kranke Mensch ist dabei gleichsam das Schlachtfeld, auf dem sich der Kampf zwischen Gott und seinem Widersacher abspielt. Auch der unbelebten Natur kann die Rolle dieses Schlachtfelds zugewiesen werden: so, wenn

Jesus dem Sturm auf dem See Gennesaret, der seine Jünger in tödliche Gefahr zu bringen droht, zuruft: „Schweig, Verstumme!" und damit seine zerstörerische Macht bricht (Mk 4,39).

Die Exorzismen stehen in einem unmittelbaren Zusammenhang mit der Reich-Gottes-Verkündigung Jesu. In ihnen bekundet sich sein profetisch-charismatisches Sendungsbewusstsein. Als Hauptbeleg dafür kann das so genannte Exorzismuslogion Lk 11,20 (Q) gelten:

> Wenn ich mit dem Finger Gottes Dämonen austreibe, so ist die Königsherrschaft Gottes ja schon angekommen.

Indem Jesus Dämonen austreibt und heilt, ist die Gottesherrschaft schon in der Gegenwart als die alle Verhältnisse verwandelnde endzeitliche Macht wirksam. Der bereits im Himmel entmachtete Satan wird auch auf Erden, wo er noch Macht zu okkupieren sucht, vom endzeitlichen Gesandten Gottes niedergerungen. So bahnt sich mitten in der alten, von widergöttlichen Kräften beherrschten Welt ein Machtwechsel an. Wo Jesus, der Repräsentant der Gottesherrschaft, auftritt, da ist die Gottesherrschaft mit ihrer verändernden Kraft schon am Werk. Menschen und Verhältnisse werden aus der Versklavung unter das Gottwidrige und Lebensfeindliche befreit.

In den Heilungsgeschichten wird gleichsam die subjektive Innenseite dieses weltumspannenden Geschehens sichtbar gemacht. Nur diese Innenseite ist es ja, die bislang sichtbar werden kann. Denn die Gottesherrschaft ist noch nicht universal durchgesetzt, sondern erscheint nur punktuell-zeichenhaft in dem, was jetzt an einzelnen Menschen geschieht. Ihre universale Durchsetzung über die ganze Welt steht noch aus und bleibt der Zukunft vorbehalten. Als zentrales Moment tritt in den Heilungsgeschichten immer wieder der Glaube hervor. Dabei geht es keineswegs – wie im späteren christlichen Glaubensverständnis – um bestimmte Überzeugungen hinsichtlich des Wesens und der Bedeutung der Gestalt Jesu. Glaube ist hier zunächst nichts weiter als die Gewissheit der Heilung suchenden Menschen, in Jesus dem heilmachenden Handeln des Gottes Israels zu begegnen. Wenn Jesus nach eingetretener Heilung feststellt: „Dein Glaube hat dir geholfen" (Mk 5,34; vgl. Lk 7,9/Mk 8,10 [Q]), so will das besagen: Voraussetzung für die Heilung war, dass sie als Folge der heilvollen Zuwendung Gottes zur Welt in Jesus verstanden und angenommen worden ist. Der Glaube bleibt nicht am äußeren Tun Jesu in seiner Zweideutigkeit hängen, sondern findet hinter diesem Tun die Eindeutigkeit der Nähe der Gottesherrschaft. Er begreift: Es markiert das Ende der alten und den Beginn der neuen Welt. Indem sich leibliches Heilwerden inmitten einer von lebensfeindlichen, bedrohlichen Kräften beherrschten Welt vollzieht, öffnet sich die Gegenwart auf die umfassend vom Heilswillen und der lebenschaffenden Macht Gottes bestimmte Zukunft hin. „Nirgendwo sonst finden wir einen Wundercharismatiker, dessen Wundertaten das Ende einer alten und der Beginn einer neuen Welt sein sollen." (G. Theißen)

Jesus ist sich der Zweideutigkeit seiner Exorzismen und Heilungen durchaus bewusst gewesen. Dass er die Fähigkeit hatte, Wunder zu tun, ungewöhnliche, aus dem Rahmen fallende Machttaten zu vollbringen, war anscheinend unter den Zeitgenossen unumstritten. Damit aber stellte sich für sie die Frage nach Wesen und Herkunft der hinter ihnen stehenden Macht. Gegner Jesu haben sie beantwortet, indem sie unterstellten, Jesus stehe mit dem Teufel selbst im Bunde und handle im Auftrag dämonischer Mächte:

> Er hat Beelzebul, und durch den Obersten der Dämonen treibt er die Dämonen aus (Mk 3,22).

Dass die Machttaten Jesu nicht dämonisch inspiriert waren, sondern Ausfluss der Macht der Gottesherrschaft waren, war nur für den erkennbar, der bereit war, seinem Anspruch, Repräsentant der anbrechenden Gottesherrschaft zu sein, Recht zu geben. Jesus hat darum auch darauf verzichtet, seine Fähigkeit zu Wundertaten propagandistisch auszuwerten. Das an ihn herangetragene Ansinnen, seine – in welchem Sinn auch immer verstandene – messianische Sendung durch besondere „Zeichen" unter Beweis zu stellen, hat er zurückgewiesen (Lk 11,16.29/Mt 12,38f [Q]). Die historische Erinnerung daran dürfte letztlich auch hinter jenem stereotypen erzählerischen Motiv des Markusevangeliums stehen, wonach Jesus seine Wunder im Verborgenen und abseits der großen Volksmenge tat (z. B. Mk 7,33; 8,23).

4. *Das Volk der Gottesherrschaft.* Das von Jesus verkündigte Reich Gottes ist kein von der bestehenden Welt abgegrenzter räumlicher Bereich. Ebenso wenig ist es nur eine auf einzelne Menschen eingegrenzte, je individuelle Heilserfahrung. Es ist vielmehr ein durch Gottes heilschaffende Macht geprägter und gestalteter transpersonaler Lebenszusammenhang. Zum Reich Gottes gehört das Volk Gottes. Mitte und Ziel der Sendung Jesu war darum die Sammlung des Gottesvolkes im Horizont der anbrechenden Gottesherrschaft.

Dieses Gottesvolk war zunächst nur Israel. Seinen Auftrag und den seiner Jünger grenzte Jesus programmatisch mit der Weisung ein:

> Geht nicht zu den Heiden, und betretet keine Stadt der Samaritaner, sondern geht zu den verlorenen Schafen des Hauses Israel (Mt 10,5f).

Dem entsprechend hat Jesus sein Wirken auf Orte mit vorwiegend jüdischer Bevölkerung in Galiläa und den westlichen Nachbargebieten beschränkt (vgl. S.65). Zugleich aber war Israel für ihn eine ganzheitliche, durch Gottes Heilsplan bestimmte Größe. Zur eschatologischen Erfüllung dieses Heilsplans gehörte darum wesentlich die Wiederherstellung Israels in seiner ganzen, Gottes ursprünglichem Willen entsprechenden Fülle. Das kam in der Berufung des engsten Jüngerkreises der „Zwölf" zum Ausdruck. Die „Zwölf" waren ein Realsymbol für das zu seiner endzeitlichen Fülle restituierte Zwölf-Stämme-Volk: In der kommenden Gottesherrschaft sollten sie – gleichsam in endzeitlicher Entsprechung zu den zwölf Jakobssöhnen, den Vätern der Stämme Israels – auf zwölf Thronen sitzen, um die zwölf Stämme Israels zu richten (Mt 19,30).

Von diesen zwölf Stämmen waren zur Zeit Jesu nur noch zwei vorhanden. Die übrigen waren schon seit dem 8. Jh. v. Chr. im Gefolge von Krieg und Exil zerstreut und ausgelöscht worden. Aber die Hoffnung auf Wiederherstellung Israels in seiner ursprünglichen Fülle war in der Krisenzeit seit 200 v. Chr. aufgelebt, so in dem Gebet des Weisen Ben-Sira, Gott möge „alle Stämme Jakobs" sammeln und ihren „Erbbesitz" (d. h. ihren Anteil am Land) verteilen „wie in den Tagen der Vorzeit" (Sir 36,13f). Hier knüpfte Jesus an. Umso auffälliger ist jedoch, dass diese Hoffnung sich nicht etwa in Erwartungen eines endzeitlichen Vernichtungskrieges Israels gegen die fremden Unterdrücker konkretisierte. Während etwa in den Schriften von Qumrân davon die Rede ist, dass die Armeen Israels, gegliedert nach der Ordnung der zwölf Stämme, die Heere der Heiden niederringen (4QM II,2.7–8; III,13), und zelotische Kreise Israels Wiederherstellung durch einen durch Gottes Beistand zum Sieg geführten gewaltsamen Aufstand erträumen, fehlen solche Töne in der Jesusüberlieferung. Zwar teilte auch Jesus diese Hoffnung auf eine zentral von Gott ausgehende Initiative. Doch besteht diese nicht im Ermöglichen eines Sieges Israels über die feindlichen Fremden, sondern in der suchenden, liebevollen Zuwendung zu den verlorenen Gliedern des Gottesvolkes. Es ist also – wenn man so will – eine in ihrem Ansatz unpolitische Hoffnung.

Gott will die ihm zugehörigen Menschen wieder zurückbringen in die Gemeinschaft des Gottesvolkes, von der sie sich durch ihr Verhalten getrennt haben. Gott will sich über sein wiedergewonnenes Eigentum freuen. Das ist die Botschaft der Gleichnisse vom Wiederfinden des Verlorenen (vgl. S. 85). Mit solchem Reden von Gott, das dem Gottesbild der meisten seiner Hörer befremdlich zuwiderlaufen musste, erklärte Jesus sein Verhalten gegenüber den Prostituierten, den wegen ihres als unmoralischen Berufs verachteten Zöllnern und den „Sündern", also den nicht gemäß den Weisungen der Tora Lebenden. Wenn er mit diesen Menschen Tischgemeinschaft hielt, so wusste er sich damit als Vollstrecker des Willens Gottes, die ihm Zugehörigen zu suchen. Dabei wurde das gemeinsame Essen und Trinken in festlicher Freude Zeichen und Widerschein der Freude Gottes (Mt 11,19).

Wenn heute im Zeichen gut gemeinter Aktualisierung gern von der Zuwendung Jesu zu den Randgruppen der Gesellschaft gesprochen wird, so ist das zumindest eine Verflachung. Jesus war kein Sozialtherapeut im modernen Sinn. Zwar geht es bei seiner Gemeinschaft mit den Sündern *auch* um Heilung (Mk 2,17); aber diese betrifft primär das Verhältnis zu Gott. Nicht in die Gesellschaft werden die marginalisierten Menschen eingegliedert, sondern in die durch Jesus repräsentierte Gemeinschaft mit Gott – und damit zugleich in den Bereich des von ihm geheiligten und zu seinem Eigentum erwählten Volkes Israel.

Diese Eingliederung erfolgt jedoch weder pauschal noch automatisch. Ob sie gelingt, das entscheidet sich vielmehr an der Reaktion der von Jesus angesprochenen Menschen, nämlich an ihrer Bereitschaft, sich den für die Gottesherrschaft geltenden Lebens- und Verhaltensweisen zu unterstellen. An diesem Punkt kommt ein individualistisches Moment ins Spiel. Der je Einzelne wird zur Zustimmung zu dem auf ihn zukommendem Neuen herausgefordert. Er wird mit dem Bußruf Jesu konfrontiert. In die Gottesherrschaft kann nur eingehen, „wer „den Willen meines Vaters in den Himmeln tut" (Mt 7,21), oder – speziell auf die Lebensweise von Reichen zugespitzt – wer sich von seinem bisher lebensbestimmenden Reichtum trennt (Mt 19,23f).

Spätestens an diesem Punkt relativiert sich der in pharisäischer Sicht so wichtige Unterschied zwischen den gesetzestreu und kultisch rein lebenden Gliedern Israels und den marginalisierten „Sündern". Auch für die Gerechten fällt nämlich die letzte Entscheidung darüber, ob sie am Heil der Gottesherrschaft teilhaben werden, an ihrer Stellungnahme zu Jesus. Auch sie verfallen dem Gericht, wenn sie die Reich-Gottes-Verkündigung Jesu ablehnen und sich seiner Umkehrforderung verschließen (Mk 6,7–13; Lk 10,14/Lk 9,5 [Q]).

Ähnlich relativiert sich von hier aus aber auch der Unterschied zwischen Israeliten und den Angehörigen heidnischer

Völker. Jesu Sendung galt Israel. Ein gesamtmenschheitlicher Universalismus war ihm, nach allem, was sich erkennen lässt, fremd. Aber vielleicht wird man immerhin von einer latent universalistischen Tendenz bei ihm sprechen dürfen. Offensichtlich war seine Vorstellung endzeitlichen Heils bestimmt durch das traditionelle biblische Motiv der Völkerwallfahrt zum Zion (Jes 2,2ff; 60,3; Mi 4,1ff): In der Zeit der Vollendung Israels werden demnach auch die Weltvölker, angezogen von dem von Jerusalem her aufleuchtenden Heil, zum Zion strömen; wenn sie auch nicht in das vollendete Gottesvolk einbezogen werden, so wirkt sich Israels Heil doch heilvoll auf sie aus.

Von hier aus wird die – in ihrem Kern wohl authentische – Anekdote von der Begegnung Jesu mit einer heidnischen Frau (Mk 7,24–30) verständlich. Jesus weist die Bitte um Heilung ihrer von einem Dämon besessenen Tochter zunächst mit einem Wort ab, dessen schroffe Metaphorik die damals übliche jüdische Sicht auf Heiden widerspiegelt:

> Lass zuerst die Kinder satt werden! Denn es ist nicht recht, den Kindern das Brot zu nehmen und den Hunden vorzuwerfen.

Als aber dann die Heidin, Jesu Metaphorik von den „Kindern" und den „Hunden" aufnehmend, ihre Gewissheit zum Ausdruck bringt, dass von dem Brot, „das die Kinder (d.h. die Israeliten) essen" auch etwas „für die Hunde unter dem Tisch" (d.h. für die Heiden) abfallen werde, gewährt Jesus ihr schließlich doch die erbetene Heilung ihrer Tochter. Die Hilfe für eine Heidin ist hier also als die große Ausnahme dargestellt. Sie ist möglich, weil die Heidin in ihrem unbeirrbaren Vertrauen auf die helfende Macht Jesu die gegenwärtig noch vorhandene Grenze zwischen Heiden und Juden gleichsam übersprungen hat. Sie hat damit der durch Jesus repräsentierten endzeitlichen Herrschaft des Gottes Israels Recht gegeben. In ihrem Verhalten hat die Völkerwallfahrt – die Zukunft vorwegnehmend – ihr Ziel, die Teilhabe der Heiden am Heil Israels, bereits erreicht.

Ein an Israel gerichtetes Drohwort Jesu spricht sogar von

der Möglichkeit, dass Heiden, die der Gottesherrschaft Recht geben, bei der endzeitlichen Völkerwallfahrt jene Angehörigen des Gottesvolkes, die sich dem Anspruch der Gottesherrschaft verschlossen haben, überholen werden:

> Viele werden von Osten und Westen kommen und mit Abraham, Isaak und Jakob zu Tische liegen in der Gottesherrschaft. Ihr aber werdet in die äußerste Finsternis hinausgeworfen werden (Lk 13,28f/Mt 8,11f [Q]).

Es waren Worte wie diese, die später der Kirche den Weg zur Verkündigung an die nichtjüdischen Völker geöffnet haben.

5. Lebensgemeinschaft im Zeichen der Gottesherrschaft. Der engere Jüngerkreis, der zahlenmäßig vermutlich größer war als die Symbolgruppe der „Zwölf", war von Jesus in erster Linie dazu berufen worden, ihn bei seiner Sendung zu unterstützen. „Auf! Mir nach! Ich will euch zu Menschenfischern machen"– dieses in der ersten Jüngerberufungsszene (Mk 1,16–20) enthaltene drastische Bildwort charakterisiert paradigmatisch den Jüngerauftrag: In der „Nachfolge" Jesu, und das heißt: in engster Bindung an ihn, sollen die Jünger Menschen für die Gottesherrschaft gewinnen und so bei der endzeitlichen Sammlung Israels mitwirken. Ob sie darüber hinaus bereits zu Lebzeiten Jesu zeitweilig von ihm jeweils paarweise zu selbstständigem Wirken in Exorzismus und Verkündigung ausgesandt worden sind, wie es die synoptischen Evangelien (Mk 6,7–12.30f; Mt 9,35–11,1; Lk 9,1–6.10f) darstellen, ist allerdings unsicher. Einiges spricht dafür, dass die Aussendungsberichte und -reden eine spätere nachösterliche Situation widerspiegeln, in der Jesusjünger als charismatische Wandermissionare tätig gewesen sind (vgl. S. 19f).

Aber die Bedeutung des Jüngerkreises lag nicht nur in seinem Dienstauftrag, sondern auch in seiner spezifischen *Sozialstruktur.* Und zwar schloss diese Funktion auch den weiteren Jüngerkreis ein. Die Jünger in ihrer Gesamtheit sollten als eine neue, von der einbrechenden Gottesherrschaft her geprägte Lebensgemeinschaft in Erscheinung treten.

Ein bestimmendes Merkmal dieser Gemeinschaft war die ausschließliche Ausrichtung auf Jesus als den einen Lehrer. Seine Lehre vermittelte nicht das Erbe einer bestimmten schriftgelehrten Auslegungstradition, sondern beanspruchte, den endzeitlichen Gotteswillen unmittelbar zu erschließen. Aus der Bindung an den Lehrer ergab sich als weiteres Merkmal die geschwisterlich-familiäre Verbindung der Jüngerinnen und Jünger untereinander: „Denn einer ist euer Lehrer, ihr alle aber seid Brüder" (Mt 23,8). So bezeichnet Jesus – in kritischer Kontrastierung zu seiner leiblichen Familie – die Angehörigen seines Jüngerkreises als seine Familie, und er begründet dies mit dem gemeinsamen Bestimmtsein durch den Willen Gottes:

> Das hier ist meine Mutter, und das sind meine Brüder! Denn wer den Willen Gottes tut, der ist mir Bruder, Schwester und Mutter. (Mk 3,34f)

Als Familie Jesu sind die Jünger zugleich *Familie Gottes*. Gott allein ist für sie Träger väterlicher Autorität. Niemanden unter sich sollen sie „Vater" nennen, weil sie alle untereinander Geschwister sind (Mt 23,8–10). Die „Vater"-Anrede ist allein Gott vorbehalten; sie darf ihm gegenüber auch als Ausdruck unbegrenzter vertrauensvoller Nähe gebraucht werden. Das kommt in der Vaterunser-Anrede zum Ausdruck, die in ihrer ältesten, ursprünglich auf Jesus zurückgehenden Fassung auf alle ausschmückenden Respektsfloskeln verzichtet und nur aus dem einen Wort „Vater!" (aram. *abba*) besteht (Lk 11,2 [Q]).

Die Jüngerfamilie ist *ein von Herrschafts- und Unterdrückungsstrukturen freier Bereich*. Das bringt ein Jesuslogion in programmatischer Pointiertheit zum Ausdruck:

> Ihr wisst, dass die, welche die Völker zu beherrschen scheinen, sie unterdrücken, und ihre Großen die Gewalt gegen sie gebrauchen. Nicht so aber ist es unter euch. Sondern wer unter euch der Größte werden will, werde euer Diener. Und wer unter euch der Erste sein will, werde der Sklave von allen. (Mk 10,42–44).

Herrschaft lebt davon, dass sie andere Menschen zu ihrem Objekt macht. Wer dieser entwürdigenden Position des Objektseins entkommen will, hat keine Wahl, als ebenfalls nach Herrschaft über andere zu streben. Diesem scheinbar unausweichlichen gesellschaftlichen Mechanismus setzt Jesus ein konträres Strukturprinzip entgegen, das in seiner Jüngergemeinschaft gelten soll: An die Stelle der von oben nach unten mit Gewalt durchgesetzten Herrschaft tritt das dienende Dasein füreinander. Das läuft auf eine totale Umkehr der zwischenmenschlichen Perspektive hinaus: Der andere wird vom Objekt möglicher Beherrschung zum Partner, der ein Recht auf Hilfe und Zuwendung hat.

Wichtig ist die Beobachtung, dass das in diesem Zusammenhang erscheinende Wort „Diener" eine ganz spezifische Prägung hat. Es verweist zurück auf eine Metaphorik, mit der Jesus seine eigene Funktion und Sendung dargestellt hat: Er gleicht dem Sklaven, der beim festlichen Mahl den Tischdienst versieht und dadurch die Mahlgemeinschaft erst möglich macht (Lk 12,37; 22,27; Joh 13,14). Durch sein Verhalten will Jesus das Strukturprinzip von Herrschaft und Gewalt durchbrechen, indem er an dessen Stelle das dienende Dasein für andere setzt. Dieses Verhalten hat für die Jüngergemeinschaft prototypische Bedeutung. Indem sie es nicht nur zu der ihr Zusammenleben bestimmenden Norm macht, sondern sich auch in ihrem Verhalten nach außen von ihm leiten lässt, stellt sie sich in einen bewussten Gegensatz zur sie umgebenden Gesellschaft. Man hat sie deshalb als „Kontrastgesellschaft" bezeichnet. Sachgemäßer wäre es aber wohl, in ihr das Hoffnungsbild einer die Ordnung der kommenden Gottesherrschaft vorwegnehmenden Gesellschaft zu sehen.

6. *Das Ethos der Gottesherrschaft.* Hervorstechendes Merkmal der jüdischen Religion war und ist ihr hohes und differenziertes Ethos. Obwohl in der antiken Welt Juden wegen ihrer besonderen Lebensweise häufig ausgegrenzt und diffamiert wurden, wurde ihr ethischer Anspruch doch weithin respektiert, ja bewundert. Triebkraft dieses Ethos war die Tora, das

auf Mose zurückgehende biblische Gesetz, das in einem ständigen Prozess mündlicher schriftgelehrter Interpretation – der Halacha – auf konkrete Situationen und Bedürfnisse hin ausgelegt wurde. Nach grundlegender jüdischer Sicht war die Tora das große Geschenk Gottes für Israel, Zeichen und Unterpfand des Bundes mit seinem Volk. Sie war die Ordnung heilvollen, gelingenden Lebens, durch deren Besitz Israel gegenüber allen übrigen Völkern privilegiert war, und von daher war sie alles andere als ein lebensfeindliches Zwangssystem, nämlich der Raum innerhalb dessen sich erfülltes Leben in der Gemeinschaft mit Gott entfalten konnte.

Von der ethischen Botschaft des Juden Jesus sprechen heißt deshalb zuallererst, von seinem Verhältnis zur Tora sprechen. Der allgemeinen Tendenz zur Distanzierung Jesu vom Judentum folgend, hat christliche Theologie Jesus fast durchweg als in einem schroffen Gegensatz zur Tora stehend sehen wollen. Er galt als Durchbrecher und Überwinder des angeblichen Zwangssystems jüdischer Gesetzlichkeit und damit als Begründer christlicher Freiheit. Erst in jüngster Zeit bahnte sich eine Revision dieser Sichtweise an. Maßgeblich dafür waren eine verbesserte Kenntnis des zeitgenössischen Judentums und eine kritische Analyse der christlichen Quellen. Beides führte zu der Einsicht: Von einem grundlegenden Gegensatz zwischen Jesus und der Tora kann keine Rede sein. Die ethische Verkündigung Jesu ist ihrem Wesen nach vielmehr Auslegung, Vertiefung und Weiterentwicklung der Tora.

Als typisch für das Gesetzesverständnis Jesu darf die *Konzentration der Tora auf ihr Zentrum* gelten. Ein sicher altes Überlieferungsstück berichtet, Jesus habe auf die Frage eines Schriftgelehrten nach dem wichtigsten Toragebot mit dem Hinweis auf die beiden Gebote, Gott zu lieben mit ganzem Herzen, ganzer Seele und aller Kraft (Dtn 6,4f) und den Nächsten „zu lieben wie dich selbst" (Lev 19,18) geantwortet. Der Schriftgelehrte habe dem ausdrücklich zugestimmt, woraufhin Jesus den Konsens bestätigt habe: „Du bist nicht fern vom Reich Gottes." (Mk 12,28–34). Diese beiderseitige Konsenserklärung will wörtlich genommen sein. Jesus hatte ja keineswegs willkürlich zwei Gebote aus der Tora herausgegriffen, sondern jene beiden Gebote zitiert, die auch in den Augen der Theologen seiner Zeit die zentralen Leitlinien der jüdischen Religion markierten: den Glauben an den einen Gott und die Mitmenschlichkeit als Kern der Tora. Und selbst die Kombination beider zu einem doppelten Liebesgebot dürfte keineswegs neu oder gar revolutionär gewesen sein. Es fehlt nicht an Zeugnissen, die Gottesverehrung (Dtn 6,5) und Nächstenliebe (Lev 19,18) als leitende Grund-Sätze jüdischen Glaubens eng ineinander verschränken (Jub 36,7f), ja ineinander verzahnen (TestDan 5,3; TestIss 5,1; TestNapht 1,6). Wenn etwas bei Jesus neu gewesen ist, dann dies, dass er das Doppelgebot konsequent in den Horizont der anbrechenden Gottesherrschaft gestellt hat: Weil Gott sich jetzt anschickt, seine Herrschaft auf der Erde umfassend durchzusetzen, so werden dadurch die Herrschaftsansprüche anderer Mächte ausgeschlossen; und weil Gott alle ihm zugehörigen Menschen als sein Eigentum für sich haben will und ihnen in liebevoller Suche nachgeht, darum kann es keine Einschränkung des Liebesgebots geben. Weil Gottes Liebe – die Liebe des einen und einzigen Gottes – alle Grenzen überschreitet, darum ist das Liebesgebot grenzenlos.

In keinem einzigen uns bekannten Fall hat Jesus Toragebote übertreten oder sie in Frage gestellt. Er hat diese Gebote lediglich neu interpretiert, indem er sie konsequent und kompromisslos aus dem ursprünglichen Willen Gottes des Schöpfers ableitete. Damit griff er in halachische Diskussionen ein, wie sie vor allem durch pharisäische Schriftgelehrte seiner Zeit geführt wurden, und nahm kritisch Stellung zu Interpretationen, die den Ursprungssinn von Toraggeboten durch kasuistische Interpretationen unkenntlich machten.

Markante Beispiele dafür bieten die Sabbatkonflikte Jesu (Mk 2,23–28; 3,1–6; Lk 13,10–17; 14,1–6; vgl. Joh 5,2–16). Sie waren keineswegs provokative Übertretungen des biblischen Ruhetagsgebots. Jesus hat mit ihnen die geheiligte Ordnung des Sabbats nicht in Frage stellen wollen. Die Legitimität ärztlicher Maßnahmen an diesem Tag war zwar in der

Diskussion umstritten, sie wurde jedoch von Teilen der Schriftgelehrten unter gewissen Maßgaben bejaht. Jesus bewegte sich mit seiner Argumentation (Mk 2,27f; 3,4) im Bereich der zeitgenössischen Diskussion um die praktische Auslegung der Sabbatgebote. Er bezog jedoch gegenüber den Kritikern seines Handelns einen Standpunkt jenseits jeder Kasuistik, indem er auf den Ursprungssinn des Sabbats verwies: Dieser Tag sollte ein Tag der Freude, der Erfahrung der helfenden und Leben schaffenden Nähe Gottes bei seinem Volk sein, sein gutes Geschenk an die Menschen, Zeichen des Heils und Hinweis auf die zukünftige Vollendung. Weil die Menschen nicht um des Sabbats willen, sondern der Sabbat um der Menschen willen geschaffen ist (Mk 2,27) – so sein zentrales Argument –, darum hat Jesus, indem er am Sabbat Gutes tat und Leben rettete (Mk 3,4), diesen Tag in sein ursprüngliches Recht gesetzt.

Unmittelbar kritische Töne gegenüber der Tora klingen lediglich in einem Überlieferungsstück auf, in dem Jesus zu den kultischen Reinheitsbestimmungen Stellung nimmt:

> Es gibt nichts, was von außen in den Menschen hineingeht, das ihn unrein machen könnte, sondern was aus dem Menschen herauskommt, das ist's, was ihn unrein macht. (Mk 7,15)

Vielfach wurde dieses Logion so verstanden, als würde Jesus gegen die Einhaltung der Speisegebote der Tora polemisieren und darüber hinaus die für die Tora grundlegende Unterscheidung zwischen den Bereichen des Sakralen und Profanen aufheben. Aber von solcher Grundsatzpolemik wird schwerlich die Rede sein können. Weder spricht Jesus hier ein Verbot aus, noch erklärt er die Dimension der kultischen Reinheit für irrelevant. Aus analogen Formulierungen in der jüdischen Tradition ergibt sich, dass hier kein Gegensatz, sondern eine Steigerung gemeint ist im Sinne von „nicht nur – sondern vor allem". Der Satz will auf den Bereich verweisen, von dem eine weit größere Gefahr für die Reinheit ausgehen kann als von unreinen Speisen, nämlich auf das Innere des Menschen, sein Reden und Verhalten. Hier vor allem ist Reinheit gefordert!

Das liegt auf der Linie jüdischer weisheitlicher Tradition, die gegenüber allgemein akzeptierten kultischen Standards die Priorität zwischenmenschlichen Redens und Tuns herausstellt (Spr 15,8; 16,6; 21,3). Jesus verlegt das Schwergewicht von äußeren Kriterien kultischer Reinheit auf innere Kriterien ethischen Verhaltens.

Hier, wie auch in anderen seiner Äußerungen (z.B. Mt 5,23f), mag sich eine gewisse Distanz Jesu zu den bestehenden kultischen Geboten und Ordnungen zeigen. Grundsätzlich jedoch bleibt er innerhalb des Vorstellungsbereichs kultischer Reinheit. Primär ist es ihm freilich um die Reinigung und Heiligung des alltäglichen Lebens zu tun. Auch in diesem Anliegen weiß er sich mit den Pharisäern einig. Der Gegensatz besteht freilich darin, dass diese solche Reinigung und Heiligung von der Übertragung äußerer kultischer Reinheitsregeln auf den Alltagsbereich erwarten (Mt 23,25f), während Jesus auf die reinigende Wirkung eines radikalisierten Ethos setzt.

Damit kommen wir auf einen weiteren Grundzug der ethischen Verkündigung Jesu zu sprechen, die *Radikalisierung der Tora im Horizont der nahen Gottesherrschaft*. Jesus interpretiert das Gesetz von der Intention des Gesetzesgebers her, und das heißt, er legt hinter der gegenwärtig gelehrten und praktizierten Tora den ursprünglichen heilvollen Willen des Schöpfers frei. So lehnt er etwa in einer Diskussion über die Ehe zum Befremden seiner pharisäischen Gesprächspartner ausdrücklich das in der Tora kodifizierte Recht des Mannes, seine Frau durch Scheidung zu entlassen, als dem Willen des Schöpfers widersprechend ab:

> Nur wegen eurer Hartherzigkeit hat er (Gott) dieses Gebot gegeben. Am Anfang der Schöpfung aber hat Gott sie als Mann und Frau geschaffen. Darum wird der Mann Vater und Mutter verlassen, und die zwei werden ein Fleisch sein ... Was aber Gott verbunden hat, das darf der Mensch nicht trennen. (Mk 10,6–9)

Wenn die Tora Ehescheidung erlaubt und regelt, so allein wegen der „Hartherzigkeit" der Menschen, ihrer tatsächlichen Verhaltensweise in den Verhältnissen der gegenwärtigen Welt. Ursprünglich, in seinem Schöpfungswerk, hatte Gott jedoch seinen Willen zur unverbrüchlichen Einheit von Mann und Frau in der Ehe bekundet. In ihrer jetzigen Gestalt hat die Tora also Kompromisscharakter. Sie versucht, angesichts der konkreten Lage von Mensch und Welt das menschliche Zusammenleben in einer erträglichen Weise zu ordnen und die gottwidrigen Kräfte niederzuhalten. Dem heilvollen Willen des Schöpfers für seine Geschöpfe kann sie dabei nur bruchstückhaft Raum schaffen.

Kennzeichen der Gottesherrschaft wird es jedoch sein, dass in ihr Gottes Name geheiligt wird und sein Wille geschieht (Mt 6,9f). Das Gesetz Gottes wird in ihr als Ausdruck dieses Willens ohne Eingrenzung und Kompromiss alle Lebensbereiche durchdringen. Jesus beansprucht, die ursprüngliche Tora in ihrer Unbedingtheit und Radikalität wieder freizulegen, weil sie die Ordnung der durch ihn vertretenen nahen Gottesherrschaft sein soll. Diese gilt jetzt schon für alle, die sich durch Jesus den Zugang zur Gottesherrschaft öffnen lassen, in erster Linie also für den Kreis seiner Jüngerinnen und Jünger.

Von solcher eschatologisch motivierten Radikalität ist auch die markanteste und wirkungsgeschichtlich bedeutsamste ethische Proklamation Jesu geprägt, die *Bergpredigt* (Mt 5–7). Zwar ist sie in ihrer vorliegenden Gestalt ein Werk des Matthäus. Er hat Materialien aus Q und anderen Sammlungen von Worten Jesu zu einer großen Redekomposition zusammengefügt. Trotzdem ist die Argumentation Jesu nach Form und Inhalt noch klar erkennbar. Das gilt vor allem für die Reihe der sogenannten „Antithesen", in der Gebote der Tora und Weisungen Jesu nach dem Schema „zu den Alten ist gesagt ..., ich aber sage euch ..." einander gegenübergestellt werden (Mt 5,21–48). Hier geht es keineswegs um einen Gegensatz Jesu zur Tora, wie das die irreführende Bezeichnung „Antithesen" nahe legen könnte, sondern um eine konsequente Radikalisierung und Ausweitung der Gebote der Tora. Hatte diese bislang nur das gewaltsame Töten von Menschen, den Mord, verboten (Ex 20,13), so verbietet Jesus bereits Worte, ja Gedanken, die menschliches Leben beeinträchtigen und mindern könnten. Hatte die Tora die Ehe durch das Verbot des Ehebruchs (Ex 20,14) sowie durch die Anordnung einer geregelten Scheidungspraxis (Dtn 24,1ff) in ihrem äußeren Bestand geschützt, so verbietet Jesus bereits den begehrlichen Blick, der das Verhältnis der Geschlechter zueinander beschädigen könnte. Hatte die Tora durch eine geregelte Ordnung des Schwörens für ein einforderbares Minimum an Wahrheit inmitten der allgemeinen Unwahrhaftigkeit menschlichen Redens gesorgt (Lev 19,12), so fordert Jesus uneingeschränkte und totale Wahrhaftigkeit, die keines Schwörens mehr bedarf. Hatte die Tora dem Ausufern zwischenmenschlicher Gewaltausübung einen Riegel vorgeschoben durch das Talionsgebot, das die Verhältnismäßigkeit und Angemessenheit von Vergeltung einforderte (Ex 21,24ff; Lev 24,20), so verlangt Jesus den völligen Verzicht auf jede Anwendung von Gewalt. Und während die Tora zwar Nächstenliebe gebietet (Lev 19,18), aber die Möglichkeit von deren Ausübung dann doch von den faktisch gegebenen zwischenmenschlichen Relationen abhängig sein lässt, fordert Jesus bedingungslose Liebe, auch gegenüber dem faktisch am fernsten Stehenden, dem Feind: Nicht eine vorgegebene Relation bestimmt, wer mein Nächster ist; vielmehr fordert die Notlage eines Menschen *mich* konkret als dessen Nächsten heraus (vgl. Lk 10,30–37).

Jesus weist alle Kasuistik, die nach Möglichkeiten der Anpassung von Torageboten sucht, zurück, weil sie dem Gebot Gottes Grenzen setzt. Damit kritisiert Jesus nicht nur die bisherige Tora-Auslegung in der Halacha. Er geht über die Tora des Mose selbst hinaus, insofern diese dem Kompromiss, und damit der Kasuistik, Raum gegeben hat. Indem er mehr sagt, als das, was „zu den Alten" gesagt war, und indem er dieses Mehr ohne Berufung auf Autoritäten aus eigener Vollmacht („ich aber sage euch") fordert, transzendiert und erweitert der Jesus der Bergpredigt die vorgegebene Tora. Er setzt selbst Tora.

Selbst damit dürfte er noch innerhalb der Grenzen des zeitgenössischen Judentums geblieben sein. Mit der Möglichkeit, dass ein von Gott dazu besonders Beauftragter neue Tora setzen würde, wurde damals durchaus noch gerechnet. Anders als ein Jahrhundert später, in der Epoche der Formierung des rabbinischen Judentums, war – wie neuere Forschungen zeigten – die Tora weder inhaltlich noch formal auf den Umfang des Pentateuch eingegrenzt. Aus der Ankündigung des sterbenden Mose, Gott werde einen ihm gleichen Profeten in Israel erwecken (Dtn 18,15), folgerte man die bleibende Gegenwart von profetischen Tora-Anweisern in Israel, die jeweils – wie einst Mose – den Willen Gottes für konkrete Situationen in Vollmacht ansagen würden. So hat offensichtlich der „Lehrer der Gerechtigkeit", der Gründer der Gemeinschaft von Qumrân, solche Vollmacht, Tora zu künden, für sich in Anspruch genommen. Es ist also mit der Möglichkeit zu rechnen, dass auch Jesus sich als ein solcher vollmächtiger Tora-Anweiser verstanden haben könnte, als Träger des profetischen Auftrags, angesichts der hereinbrechenden Gottesherrschaft die aktuell gültige Weisung Gottes anzusagen. In diesem Fall würden wir hier auf ein zentrales Moment des Selbstverständnisses Jesu stoßen. Freilich: Hier sind noch manche Fragen offen.

Das Ethos der Bergpredigt ist das Ethos der Gottesherrschaft. In seiner Radikalität und Unbedingtheit ist es auf ein neues, von der unmittelbaren Gegenwart Gottes bestimmtes Miteinander von Menschen ausgerichtet. Sicher: Keineswegs ist es als Grundlage allgemeiner Gesetzgebung zur Regelung zwischenmenschlicher Verhältnisse in einer auf unabsehbare Zeit weiter bestehenden alten Welt gedacht. Mit dieser Feststellung ist es aber ebenso wenig aus der Welt geschafft, wie Jesu Ansage der einbrechenden Gottesherrschaft selbst. Es ist das Ethos, das bereits in der bestehenden alten Welt für diejenigen Menschen maßgeblich sein soll, die sich dem Anspruch der Gottesherrschaft geöffnet haben, also der Gemeinschaft der Jünger Jesu. Hier hat es seinen Ort, und von hier soll es ausstrahlen auf alle Menschen. Es soll und kann für sie ein Hoffnung gebendes Zeichen dafür sein, dass Gott heiles Leben jenseits der bestehenden Verhältnisse möglich machen werde (Mt 5,16).

VII. Das Drama der letzten Tage in Jerusalem

1. Der Konflikt. Der Aufenthalt Jesu in Jerusalem und die Umstände seines dortigen Todes sind jener Teil seiner Biografie, über den wir bei weitem die meisten Informationen haben. Die Passionsberichte der Evangelien zeichnen den Verlauf der Ereignisse in fortlaufenden, eine Fülle von Details einbeziehenden Erzählungen nach. Trotzdem bleiben auch hier offene Fragen.

Kaum fraglich ist jedenfalls der Grund für die Reise nach Jerusalem. Wusste Jesus sich als Träger des profetischen Auftrags, ganz Israel mit der Botschaft von der nahen Gottesherrschaft zu konfrontieren und die endzeitliche Sammlung des Gottesvolkes einzuleiten, so lag der Gang nach Jerusalem in der Konsequenz dieses Auftrags. Denn Jerusalem war die heilige Stadt Israels, der religiöse Mittelpunkt, auf den hin das weltweit verstreute Judentum ausgerichtet war; dort stand der Tempel, das zentrale Heiligtum; mit beiden, Stadt und Tempel, verbanden sich überdies die zeitgenössischen Endzeiterwartungen. Konsequent war auch die Wahl des Termins. Das Pessachfest war das größte der drei jüdischen Wallfahrtsfeste. Tausende von Juden – nicht nur aus den Stammlanden in Palästina, sondern auch aus der weltweiten Diaspora – strömten an Pessach dort zusammen. Dies war also die ideale Gelegenheit für Jesus, einen repräsentativen Querschnitt des Volkes zu erreichen.

Ist Jesus aber nach Jerusalem gezogen im Bewusstsein seines ihn dort erwartenden Todes? Diese endlos diskutierte Frage wird sich auch durch genaueste Quellenanalyse wohl niemals eindeutig beantworten lassen. Die Überlieferung spricht zwar davon, dass Jesus auf dem Weg nach Jerusalem sein dortiges Leiden und Sterben bis in Einzelheiten vorhergesagt habe (Mk 8,31; 9,31; 10,33–35), doch sind diese Vorhersagen mit großer Wahrscheinlichkeit von den Erzählern erst im Licht der tatsächlich eingetretenen Ereignisse gestaltet worden. Immerhin lässt sich mit einiger Zuversicht sagen: Jesus ist nicht mit dem Vorsatz nach Jerusalem gezogen, dort zu sterben oder gar, sein Leben dort zu opfern. Nicht allzu viel spricht aber auch für die Vermutung, Jesus habe damit rechnen müssen, dass die Feindschaft maßgeblicher Kreise des Judentums, die er sich durch sein Wirken in Galiläa zugezogen habe, sich in Jerusalem konzentrieren und zum Versuch dieser Kreise, ihn auszuschalten, führen werde. Sicher: Jesus hatte sich in Galiläa Feinde gemacht, vor allem unter den Pharisäern. Ob diese Feindschaft tatsächlich, wie die Überlieferung will, zu einem gemeinsamen Todesbeschluss der Pharisäer und der Herodesanhänger gegen Jesus geführt hat (Mk 3,6), ist mehr als fraglich, zumal nirgends angedeutet wird, dass Jesus – im Unterschied zu Johannes dem Täufer – offen gegen Antipas Stellung genommen hätte. Aber wie dem auch sei: Die Pharisäer waren keineswegs die in Jerusalem maßgeblichen Kreise. Und auch Antipas hatte dort kaum Einfluss. Die bestimmenden Kräfte dort waren die Priesterschaft und die ihr verbundenen Sadduzäer. Sie beherrschten auch das Synhedrion. Und natürlich war die römische Besatzungsmacht ein entscheidender Faktor.

Trotz alledem dürfte Jesus sich dessen bewusst gewesen sein, dass er mit dem Gang nach Jerusalem ein hohes Risiko einging. Die biblisch begründete Vorstellung vom gewaltsamen Ende der von Gott zu seinem Volk gesandten Profeten war ihm zweifellos bekannt (Lk 13,34/Mt 23,37[Q]). Er musste auch damit rechnen, dass seine Sendung, wenn er sie in Jerusalem vertrat, von der Priesterschaft und den Sadduzäern als Provokation empfunden werden würde – und erst recht von den Römern: In deren Augen musste die Sammlung Israels ein politisch gefährlicher Vorgang sein. In ihrem Bestreben, den labilen status quo mit allen Mitteln zu verteidigen, wussten sie sich mit den Priestern und dem sadduzäischen Stadtadel einig. Ohnehin waren die Tage um das Pessachfest für sie eine Zeit erhöhter Alarmbereitschaft. Schon die Zusammenballung gewaltiger Volksmassen war ein erhebliches Gefahrenpotenzial. Hinzu kam, dass die Festtradition des Pessach mit der Erinnerung an die Befreiungstat Gottes an seinem Volk eine Aktualisierung der Freiheitsthematik nahe legte. Leicht konnte da ein Funke eine Explosion verursachen. So war denn auch der Präfekt Pontius Pilatus für die Festtage aus Cäsarea heraufgekommen. Seine Kohorte hatte ihren Sitz in der Burg Antonia unmittelbar oberhalb des Tempelgeländes aufgeschlagen, um von da aus alle Vorgänge beobachten zu können.

Bereits Jesu Ankunft in der Stadt mag Anlass zu Beunruhigung gewesen sein. Wenn die Evangelien sie als triumphalen Einzug eines königlichen Herrschers in seine Stadt schildern (Mk 11,7–10; Joh 12,12f), so spiegelt das zwar die überhöhende Sichtweise des Glaubens. Ganz erfunden ist der Vorgang jedoch kaum. Jesus dürfte von einem größeren Kreis von Jüngern und Anhängern aus Galiläa begleitet gewesen sein, die ihm als dem davidischen Herrscher zujubelten, der jetzt in die alte Metropole Davids einzog (Mk 11,9f). Dass Jesu Anspruch, Bringer der Gottesherrschaft zu sein, sich im Dunstkreis von Jerusalem mit der davidsmessianologischen Erwartung eines Heilskönigs samt allen politischen Konsequenzen verband, lag nur allzu nahe.

Folgt man den Zeitangaben des synoptischen Passionsberichts, so ist Jesus am Sonntag vor dem Pessachfesttag in Jerusalem angekommen und am folgenden Freitag, der entweder der Pessachfesttag selbst oder der Pessachrüsttag war (vgl. S. 71) hingerichtet worden. Demnach dauerte sein öffentliches Auftreten etwa vier Tage. Als dessen Ort wählte er den Tempel. Dafür gab es nahe liegende äußere Gründe. Da alle Pilger dorthin kamen, um zu beten und Opfer darzubringen, durfte er dort für seine Verkündigung die größtmögliche Öffentlichkeit erwarten. Das riesige Areal des noch im Bau befindlichen herodianischen Tempels mit seinen Höfen und Kolonnaden bot dafür ideale räumliche Voraussetzungen. Darüber hinaus aber hatte die Wahl des Tempels gewiss auch symbolische Bedeutung: In dem durch Gottes Gegenwart geheiligten Zentrum Israels, der Stätte jahrhundertelanger kultischer Gottesverehrung, wollte Jesus das Volk Gottes mit der Nähe der Gottesherrschaft konfrontieren. Dies nicht nur durch Predigt und öffentliche Diskussionen mit verschiedenen Gruppen des Volkes (Mk 11,27–12,40), sondern auch und vor allem durch eine kritische Stellungnahme zu Tempel und Tempelkult.

Um eine solche handelte es sich nämlich mit größter Wahrscheinlichkeit bei jenem Vorgang, der meist fälschlich als „Tempelreinigung" bezeichnet wird (Mk 11,15–18; vgl. Joh 2,13–22). Jesus hat die Tische der Geldwechsler und die Stände der Taubenverkäufer, die ihren Platz in den Kolonnaden des äußeren Tempelvorhofs hatten, umgestoßen und Händler und Käufer aus dem Tempelbereich vertrieben. Das ist zweifellos eine überraschende Szene, weil sie dem Klischee vom sanften Jesus zuwiderläuft. Manche haben sie für ungeschichtlich erklärt. Andere haben sie zum Aufhänger für die These gemacht, Jesus sei in Wirklichkeit ein zelotischer Bandenchef gewesen, der mit einer gewaltsamen Tempelbesetzung das Signal zu einem messianischen Aufstand habe geben wollen und dabei von den Römern festgenommen worden sei. Das ist freilich in jeder Hinsicht unhaltbar, würde dies doch eine konsequente Fälschung und Umschreibung der Jesusüberlieferung durch seine Anhänger voraussetzen, für die es keinerlei Anhaltspunkte gibt (vgl. S. 124). Vor allem aber hätte man im Fall einer militanten Tempelbesetzung die daran beteiligten Anhänger Jesu sofort verhaftet; doch eben dies geschah nicht (Mk 14,50ff).

Worum ging es aber dann? Schwerlich (trotz Mk 11,17) um die Heiligung des Tempels durch Vertreibung der Händler und Geldwechsler. Sie störten durch ihre Geschäfte im äußeren Vorhof den Kultbetrieb im Tempelinnern nicht nur nicht – sie waren zu dessen Aufrechterhaltung sogar unbedingt notwendig, weil sie den Bedarf an Opfertieren und der besonderen heiligen Währung, in der die Tempelsteuer zu entrichten war, deckten. Die Aktion Jesu war vielmehr eine profetische Zeichenhandlung, die unmittelbar an die Zeichenhandlungen der klassischen Profeten anknüpfte und sich in sein profetisches Sendungsbewusstsein bruchlos einfügte. Jesus störte durch seine Aktion den Tempelbetrieb, um damit demonstrativ und öffentlich zu zeigen: Das Ende des altehrwürdigen Heiligtums und seines kultischen Betriebs ist gekommen; etwas endzeitlich Neues tritt nunmehr an dessen Stelle.

Bestätigt wird dies durch das geheimnisvolle „Tempellogion" Jesu, dessen ursprünglicher Ort sicher im Zusammenhang der Zeichenhandlung im Tempel zu suchen ist, weil es sich nur als deren Deutung angemessen verstehen lässt und weil es in den Verhandlungen gegen Jesus eine wichtige Rolle gespielt hat (Mk 14,58). Es existiert in mehreren Varianten (Mk 13,1f; 14,58; Mt 26,61; Joh 2,19; Apg 6,14; ThEv71), aus denen ersichtlich wird, welche Schwierigkeiten es infolge seiner Brisanz der Urgemeinde gemacht hat. Sein authentischer Kern dürfte die Ankündigung eines neuen Tempels an der Stelle des alten gewesen sein. Jesus hat demnach durch seine profetische Zeichenhandlung die bevorstehende Aufrichtung des neuen, jetzt noch im Himmel verborgenen endzeitlichen Tempels angekündigt und diese in einen unmittelbaren Zusammenhang mit seiner Sendung gestellt: Die Zeit des alten Tempels mit seinem Kult ist vorbei; die jetzt anbrechende Gottesherrschaft wird ein neues Gottesverhältnis herbeiführen, das sich in einer neuen Ordnung kultischer Verehrung Gottes manifestieren wird. Jesus hat mit dieser provokativen Handlung die Erwartung des unmittelbaren Endes des Tempels, des sichtbaren Anbruchs der Gottesherrschaft und einer neuen, heilvollen Ordnung für Israel verbunden.

Dass er damit an den Nerv des sadduzäischen Priesteradels rührte, ist evident. Denn dieser war nicht nur theologisch, sondern auch ökonomisch am Tempelkult orientiert. Ebenso evident ist, dass der galiläische Profet durch seine Handlung im Tempel für die priesterlichen Kreise zu einem ernst zu nehmenden Gegner geworden war, um dessen Ausschaltung sie sich mit allen Mitteln bemühen mussten (Mk 11,18). Als Verbündete für dieses Vorhaben die Römer zu gewinnen, fiel ihnen auf Grund des guten Verhältnisses zu ihnen nicht schwer.

Das einzige Problem, das sich den priesterlichen Kreisen stellte, war taktischer Natur. Weil sie befürchten mussten, dass Jesus bereits über eine zahlreiche Anhängerschaft in der Stadt verfügte, war eine öffentliche Festnahme wegen ihrer unkalkulierbaren Folgen für die Stimmung der Festpilger nicht opportun. Sie haben darum anscheinend Jesus zunächst noch weiter gewähren lassen. Eine unerwartete Lösung des Problems kam durch Judas, ein Glied des engsten Jüngerkreises Jesu. Sein so genannter Verrat bestand wohl darin, dass er den Priestern einen Hinweis darauf gab, wo sie Jesus abseits der Öffentlichkeit finden und festnehmen könnten (Mk 14,2.30). Was ihn dazu veranlasste, wird wohl für immer ungeklärt bleiben.

2. *Das letzte Mahl.* Die Erinnerung an das letzte Mahl Jesu „in der Nacht, in der er dahingegeben wurde" (1Kor 11,23), gehört zum ältesten Kernbestand der Jesusüberlieferung. Dass sie eine historische Grundlage hat, wird in der neueren Forschung kaum mehr in Zweifel gezogen. Strittig ist hingegen, ob dieses Mahl ein Pessachmahl gewesen ist. Der synoptische Passionsbericht versteht es zwar von seinem Erzählzusammenhang her als solches (Mk 14,12–16; Lk 22,15), doch dem steht nicht nur die Datierung des Johannesevangeliums entgegen, sondern auch der Umstand, dass in der eigentlichen Mahltradition (1Kor 11,23–26; Mk 14,22–25; Lk 22,17–20) jeder explizite Hinweis auf die Liturgie des Pessach fehlt: Weder die Pessachhaggada mit ihrer Erinnerung an Israels Auszug aus Ägypten, noch die spezifischen Mahlbestandteile – Bitterkräuter, Fruchtmustunke und Pessachlamm – werden erwähnt. Eine Rolle spielen nur Dankgebet und Brotbrechen des Gastgebers zu Beginn und das Kreisen des Segensbechers am Ende – beides Vorgänge, die zu jedem jüdischen Festmahl gehörten. Feierte Jesus dieses Mahl mit den „Zwölfen" tatsächlich in der Pessachnacht, so hätte er ihm absichtsvoll und bewusst einen vom Pessachmahl abweichenden Sinn gegeben. Unmöglich ist das nicht.

Beherrschendes Thema dieses Mahles war der unmittelbar bevorstehende Tod Jesu. Hatte Jesus bei seinem Zug nach Jerusalem das Risiko seines Todes wohl zumindest einkalkuliert, so war daraus auf Grund der Ereignisse der letzten Tage eine unbedingte Todesgewissheit geworden. Realistischerweise musste er nach der Provokation im Tempel damit rechnen, dass seine Festnahme und Verurteilung nur noch eine Frage von Stunden war.

Die von der Überlieferung festgehaltenen Worte Jesu beim Mahl sind zu den am häufigsten wiederholten, am meisten umrätselten und am dichtesten interpretierten Worten der Menschheitsgeschichte geworden. Schon früh sind sie in die liturgische Gemeindetradition eingegangen und von ihr her erweitert und umgestaltet worden. Wir müssen uns hier auf einige kurze Hinweise beschränken. Es sind drei Worte – ein Deutewort beim Brechen und Austeilen des Brotes, ein weiteres Deutewort über dem das Mahl abschließenden Segensbecher sowie ein Wort des eschatologischen Ausblicks. In ihrer rekonstruierten ursprünglichen Form dürften sie gelautet haben:

> Dies ist mein Leib!
> Dies ist mein Blut des Bundes für die Vielen!
> Ich werde vom Gewächs des Weinstocks neu trinken in der Gottesherrschaft.

Unter dem Vorzeichen der festlichen Mahlzeit werden drei Themen miteinander verbunden: Tod Jesu, Gottesherrschaft und Jüngergemeinschaft. Jesus greift dabei zurück auf jenes Realsymbol der Gottesherrschaft, das in seinem öffentlichen Wirken eine zentrale Rolle gespielt hatte: gemeinsames Essen und Trinken in festlicher Freude, Einladung an die Fernen und Entfremdeten im Auftrag Gottes (Mk 2,13–17; 6,35–44; 8,1–9; Lk 7,34/Mt 11,19 [Q]). Auch dieses letzte Mahl wird – wie alle vorangegangenen – durch Jesu Einladen und Gewähren von Tischgemeinschaft zu einem Mahl im Zeichen der Gottesherrschaft. Als Gastgeber eröffnet er es, wie üblich, mit dem Dankgebet, das Gott für seine Schöpfergaben preist und mit dem Brechen und Verteilen des Brotes unter die Gäste. Aber dieser Gestus erhält durch das begleitende Wort eine neue und ungewöhnliche Deutung: Das gebrochene und verteilte Brot ist sein „Leib" – und das heißt nach dem aramäischen und griechischen Wortsinn: er selbst, seine Person. Damit spielt er auf seinen bevorstehenden Tod an. Indem Jesus sich selbst in den Tod gibt, ermöglicht er diese Mahlgemeinschaft und damit die endzeitliche Sammlung Israels als Volk der Gottesherrschaft. Denn die Mahlteilnehmer sind ja die „Zwölf", die Repräsentanten des vollendeten Zwölfstämmevolkes.

Näher entfaltet Jesus die Bedeutung seiner Lebenshingabe im Becherwort am Ende des Mahles: Der Becher, aus dem alle trinken, ist der durch sein „Blut" – und das heißt: durch sein in den Tod dahingegebenes Leben – bewirkte „Bund". Dieser Bund ist die Zusage der bleibenden helfenden Nähe Gottes zu seinem Volk. Wie Gott in der Vergangenheit Israel seinen Bund gesetzt und durch Blut bekräftigt hatte (Ex 24,8), so handelt er auch jetzt im Sterben Jesu. Wenn Jesus in dieser Situation erstmals vom Bund spricht, so hat er die profetische Erwartung einer endzeitlichen Erneuerung des Bundes Gottes mit Israel im Blick (Jer 31,31) und damit zugleich die schon im Alten Testament vorausgesetzte Verbindung von Bund und Königsherrschaft Gottes. Durch die Ankündigung der Bundeserneuerung in seinem Sterben eröffnet er die Möglichkeit dafür, dass seine Botschaft von der Gottesherrschaft auch über seinen Tod hinaus weitergehen kann. War sie bislang von seiner Gegenwart abhängig, so wird sie in Zukunft durch seinen Tod legitimiert sein. Diesen Tod deutet er in einer kühnen Bezugnahme auf das Leiden des Gottesknechtes von Jes 53,11 als ein Sterben „für die Vielen", als ein Geschehen also, das der großen Schar der Gott Fernen, der Ungerechten in Israel, ja vielleicht sogar den Weltvölkern, zugute kommt. Man darf wohl vermuten, dass Jesus damit das sein gesamtes Wirken tragende Motiv des dienenden Daseins für andere auf seinen Tod hin verlängerte.

Das Becherwort ist von kultischer Terminologie geprägt. Es in einen direkten Bezug zur Tempelaktion Jesu mit ihrer Kritik am Tempelkult zu setzen, liegt darum nahe. Nicht mehr der Tempel und sein Kult, sondern die durch Jesu Lebenshingabe gestiftete Mahlgemeinschaft soll von jetzt an der Ort sein, an dem sich in Zukunft die Erneuerung und Sammlung Israels – und darüber hinaus von Menschen aus den Weltvölkern – zum Volk der Gottesherrschaft realisieren wird. Und zwar ist, wie das eschatologische Wort besagt, diese Mahlgemeinschaft Vorbereitung und Vorwegnahme der Mahlgemeinschaft mit Jesus in der vollendeten Gottesherrschaft. Sicher hat Jesus sie in unmittelbarer zeitlicher Nähe erwartet. An eine über Jahrhunderte dauernde Zeit der Kirche hat er schwerlich gedacht.

3. Das Ende. Innerhalb von nur wenigen Stunden bewahrheitete sich die Todeserwartung Jesu. Der Ablauf der zu seinem Ende führenden Ereignisse ist schnell erzählt, wenn man die tendenziösen Ergänzungen und erbaulichen Ausschmückungen zum Passionsberichts beiseite lässt. Tendenziös ist die einseitige Zuweisung der Schuld am Tod Jesu an die Juden – und zwar in ihrer Gesamtheit – bei gleichzeitiger Entlastung der Römer. Erbauliche Absicht steckt hinter der Eintragung alttestamentlicher Motive, vor allem aus den Psalmen vom „leidenden Gerechten" (Ps 22; 35; 41;69): Das Leiden Jesu sollte als im Heilsplan Gottes begründet erwiesen werden.

Bereits wenige Stunden nach dem Mahl, um Mitternacht, wurde Jesus im Auftrag der Priesterschaft durch einen Trupp der Tempelpolizei festgenommen. Er hatte die Stadt verlassen und sich in einen Garten im Kidrontal, unterhalb des Ölbergs, zum Gebet zurückgezogen. Judas hatte die Priester den rechten Zeitpunkt für diese Aktion wissen lassen (Mk 14,10); er hatte auch durch die Identifizierung des Gesuchten zum reibungslosen Ablauf beigetragen (Mk 14,43–47). Eine Beunruhigung der Öffentlichkeit wurde vermieden. Die meisten der Jünger flohen erschrocken in ihre galiläische Heimat (Mk 14,50). Nur einige Frauen blieben in Jerusalem. Eine Verfolgung hatten sie ja nicht zu befürchten.

Jesus wurde in das Haus des Hohenpriesters Kajafas gebracht. Dort fand noch in derselben Nacht eine Vernehmung statt. Man wollte die Angelegenheit wegen ihrer Brisanz noch vor dem Pessachfesttag, oder – je nach Datierung – zumindest in dessen frühen Morgenstunden, zum Abschluss bringen. Deshalb wohl die auffällige Eile. Anwesend waren neben dem Hohenpriester einige Synhedrionsmitglieder. Es ist anzunehmen, dass sie alle der sadduzäisch-priesterlichen Fraktion angehörten. Pharisäer werden weder hier, noch sonst in der Passionsgeschichte erwähnt. Teile der Überlieferung haben die Szene als reguläre Gerichtsverhandlung des gesamten Synhedrions mit abschließender Verkündigung des Todesurteils durch den Hohenpriester dargestellt (Mk 14,55–64/Mt 26,59–68). Doch das ist aus mehreren Gründen unwahrscheinlich. Tatsächlich dürfte es sich nur um ein Verhör gehandelt haben (Lk 22,66–71), das der Vorbereitung einer Anklage vor dem römischen Präfekten dienen sollte. Denn nur er hatte damals das Recht, Kapitalprozesse durchzuführen. Angesichts dieser Rechtslage musste es den Synhedrionsmitgliedern darum zu tun sein, als Ergebnis des Verhörs eine Anklage zu formulieren, die auch die Römer überzeugte und nach römischem Recht als Basis für ein Todesurteil geeignet war. Allzu schwierig war das nicht.

Anlass für die Festnahme war die Tempelaktion Jesu gewesen. Die priesterlichen Kreise sahen in ihr eine bedrohliche Gefährdung des Tempelkults, an dessen ungestörtem Funktionieren sie ein vitales Interesse hatten. Sie war denn auch der Zentralpunkt des Verhörs. Insbesondere die Tempelprofetie Jesu ließ man durch Zeugen bestätigen (Mk 14,58). Tempelkritik galt seit alters im Judentum als schwerwiegendes – wenn auch vielleicht nicht unbedingt todeswürdiges – Verbrechen. Die Frage, mit welchem Vollmachtspruch Jesus seine Aktion im Tempel begründete, war aus priesterlicher Sicht wichtig (Mk 11,28). Sie hat denn auch wohl im Verhör eine Rolle gespielt, und sie hat Jesus, wie der Bericht sicher zutreffend herausstellt (Mk 14,61f), die Gelegenheit gegeben, seinen Sendungsauftrag in provozierender Schärfe zu artikulieren. (Die Prädikate „Gesalbter", „Sohn Gottes" und „Menschensohn" sind hingegen als Rückprojektionen christlichen Gemeindeglaubens in den Bericht eingetragen worden). Dass man dies zum Anlass nahm, Jesus der Gotteslästerung zu überführen, ist keineswegs ausgeschlossen (Mk 14,64). Aber selbst wenn das nach damaligem jüdischem Recht als todeswürdiges Vergehen gegolten haben sollte (was eher unwahrscheinlich ist), so war dies doch keineswegs ein in römischen Augen rechtsrelevanter Sachverhalt. Der Präfekt hätte eine solche Beschuldigung als innerjüdische Angelegenheit abgewiesen. Gleiches wäre erst recht bei einer Anklage wegen Tempelkritik der Fall gewesen. Wollten die Synhedristen bei Pilatus ein offenes Ohr finden, so gab es dafür hingegen eine sehr nahe liegende Möglichkeit. Sie mussten Jesus auf Grund seiner Tempelaktion als einen die öffentliche Ordnung gefährdenden Aufrührer, einen politischer Risikofaktor, darstellen, dessen weiteres Treiben die Römer aus eigenstem Interesse zu unterbinden hätten.

Unter dieser Anklage überstellten sie Jesus dem römischen Präfekten Pontius Pilatus (Mk 15,2–5), der sie alsbald auf den ebenso kurzen wie schlagkräftigen Nenner brachte, Jesus habe sich zum „König der Juden" aufgeworfen. Pilatus war der oberste Gerichtsherr der Provinz Judäa. Als solcher besaß er nahezu unbeschränkte Vollmacht über Menschen, die – wie Jesus – keine römischen Bürger waren. Die Gerichtsverhandlung fand öffentlich statt, unter freiem Himmel, vermutlich vor dem herodianischen Palast, in dem Pilatus während seines Jerusalem-Aufenthaltes residierte. Dort stand der Richtstuhl, das *bema*.

Wie auch sonst in solchen Fällen, dürfte Pilatus auch im Fall Jesu kurzen Prozess gemacht haben. Die Möglichkeit, durch ein abschreckendes Signal die am Pessachfest in der Stadt herrschende explosive Hochspannung einzudämmen, hat er wohl nicht ungern ergriffen. Erst im Zuge der judenfeindlichen Tendenz des christlichen Passionsberichts wurde Pilatus zum skrupulösen Zauderer, dessen Absicht, Jesus im Zuge einer Pessach-Amnestie frei zu geben, durch den Hass der anwesenden jüdischen Volksmenge durchkreuzt worden sei: Diese habe die Freigabe des Barrabbas, eines wirklichen Verbrechers, und die Hinrichtung Jesu gefordert (Mk 15,6–14). Den Brauch einer solchen Pessach-Amnestie hat es jedoch schwerlich gegeben. Denkbar ist allenfalls, dass Pilatus am gleichen Morgen, unmittelbar vor der Verhandlung gegen Jesus, einen anderen Angeklagten auf Bitten des Volkes hin amnestiert hätte.

Jesus wurde als einer, der politische Macht an sich reißen und öffentlichen Aufruhr stiften wollte, zum Tod durch Kreuzigung verurteilt. Dies war die für Aufrührer übliche Strafe. Der offizielle Urteilsspruch dürfte auf Anstiftung zum Aufruhr (*seditio*) oder auf schwere Landesfeindschaft (*perduellio*) gelautet haben. Kurz gefasst stand seine Begründung auch auf dem so genannten *titulus*, der nach damaligem Brauch dem Delinquenten auf dem Weg zur Richtstätte vorausgetragen wurde: „Der König der Juden" (Mk 15,26).

Das Urteil wurde unverzüglich vollstreckt. Dass römische Soldaten Jesus hingerichtet haben, steht außer Zweifel. Die Kreuzigung war eine besonders grausame und qualvolle Art der Hinrichtung; nicht selten dauerte der Todeskampf mehrere Tage, bis Lähmungserscheinungen und Herzversagen das Ende herbeiführten. Hinzu kam ihre entehrende Bedeutung: Der Leichnam blieb am Kreuz hängen, als Gegenstand von Spott und Verachtung, den Raubvögeln zum Fraß freigegeben. Dies alles sollte die abschreckende Wirkung steigern. Nach dem üblichen Hinrichtungsritual ging der eigentlichen Kreuzigung eine Verspottung und Geißelung durch das Exekutionskommando voraus (Mk 15,16–20).

Die Hinrichtungsstätte Golgota lag nordwestlich außerhalb der Stadtmauer. Sie war eine oberhalb eines Steinbruchs gelegene Felskuppe. Zusammen mit zwei weiteren Delinquenten wurde Jesus dort um die Mittagszeit gekreuzigt. Bereits nach drei Stunden – ungewöhnlich rasch also – trat sein Tod ein, vermutlich infolge des bei der Geißelung erlittenen Blutverlustes. Aus seinem Jüngerkreis waren nur drei Frauen in der Nähe, unter ihnen Maria aus Magdala. Vielleicht waren sie es, die sein letztes Wort gehört und weitergegeben haben: „Mein Gott, mein Gott, warum hast du mich verlassen?" (Mk 15,34) Dieses Wort nur als Eingeständnis des Scheiterns und der Gottverlassenheit zu interpretieren, wäre wohl zu einfach. Stand es doch am Anfang von Psalm 22, einem jüdischen Sterbegebet, dessen großes Thema das Sich-Festmachen in der Treue Gottes – auch und gerade in einer Situation erfahrener Gottesferne – ist.

Josef von Arimatäa, ein Jesus nahe stehendes Synedriumsmitglied – offensichtlich ein Pharisäer –, ersparte dem Leichnam die Schmach, unbestattet am Kreuz hängen zu bleiben. Auf seine Bitte hin gab Pilatus den Leichnam frei, und Josef bestattete ihn noch vor dem Abend desselben Tages, mit dem ein Sabbat begann, in seinem eigenen neuen Felsengrab (Mk 15,42–45).

Die Jüngerinnen, die am Morgen nach dem Sabbat zum Grab kamen, um den Leichnam zu salben, fanden es leer (Mk 16,1–8). Und wenig später mögen sie davon gehört haben, dass Petrus und den Zwölfen in Galiläa, wohin sie geflohen waren, Jesus als durch Gott von den Toten Auferweckter begegnet sei (1Kor 15,5). Doch das ist der Beginn einer neuen Geschichte. Wir müssen sie hier beiseite lassen, weil sie ihrem Wesen nach das Raster historischer Fragestellungen, das für unsere Darstellung der Geschichte Jesu von Nazaret bestimmend war, durchbricht.

VIII. Von Jesus von Nazaret zum Christus der Kirche

Jesus von Nazaret war ein Jude, der in der Religion und theologischen Vorstellungswelt seines zeitgenössischen Judentums tief verwurzelt war. Zwar zeigte er in seiner Botschaft und seinem Wirken ein scharf ausgeprägtes eigenständiges Profil, das ihn von manchen Richtungen des Judentums abhob, wenn nicht gar in einen Gegensatz zu ihnen brachte. Nirgends aber überschritt er die Grenzen des Judentums – weder in der besonderen Form seiner eschatologischen Erwartung, noch in seiner Stellung zur Tora. Auf das Judentum war auch seine Sendung bezogen: Er wusste sich als profetischer Erneuerer Israels, keineswegs jedoch als Stifter einer neuen

Weltreligion. Davon, dass er die Kirche gegründet hätte, kann erst recht keine Rede sein.

Und doch ist ihm wirkungsgeschichtlich die Rolle des Stifters einer neuen Weltreligion zugewachsen, die nicht nur die ethnischen Grenzen der jüdischen Religion sprengte, sondern darüber hinaus das Bewusstsein von ihren jüdischen Wurzeln weitgehend verloren hat. Im Zentrum dieser Weltreligion steht der Glaube an Jesus als den Christus, den einen zentralen Vermittler von Heil, der unmittelbar Gott zugeordnet ist und in dem allein Gott sich der ganzen Welt – und nicht etwa nur dem jüdischen Volk – offenbart hat. Wie konnte es dazu kommen? Gibt es Ansatzpunkte für diese Entwicklung in der Geschichte Jesu?

Hier ist zuallererst auf die *Sendungsautorität* Jesu zu verweisen. Jesus wusste sich nicht nur als bloßer Verkündiger der Gottesherrschaft, sondern als deren Repräsentant. Einem roten Faden gleich durchzieht sein Reden und Tun die Gewissheit, in einzigartiger Weise die anbrechende Gottesherrschaft zu vertreten (Lk 17,21). Eine vergleichslose Nähe zu Gott kommt darin zum Ausdruck. Die Frage, welche Rolle bestimmte Hoheitsprädikate, die sogenannten „christologischen Titel" im Munde Jesu dabei gespielt haben, wird man eher zurückhaltend beantworten müssen. Das gilt vor allem für die Bezeichnung „Gesalbter" (= Christus). Die neuere Forschung ist sich weitgehend einig darin, dass Jesus sie nicht für sich selbst gebraucht hat und ihr da, wo sie an ihn herangetragen wurde, mit großer Zurückhaltung begegnete (Mk 8,28–30; vgl. S. 53). Sie war durch politisch-davidsmessianologische Vorstellungen vorgeprägt, mit denen er sich nicht identifizieren konnte. Vermutlich hat Jesus von sich selbst als „Sohn" Gottes gesprochen, um damit seine besondere Nähe zu Gott in Gehorsam und Sendung zu umschreiben (Mk 13,32; Lk 10,21f/Mt 11,27 [Q]). In diesem Sinn war die Bezeichnung im Judentum durchaus möglich. Schwerlich hat Jesus sie jedoch als Prädikat zur definitorischen Bestimmung seines Wesens gebraucht. Die einzige vorgegebene Prädikation die Jesus mit großer Wahrscheinlichkeit auf sich selbst angewandt hat, ist

„Menschensohn". Sie erscheint in allen Bereichen der Jesusüberlieferung (z. B. auch ThEv 86) als charakteristisches Sprachmerkmal Jesu und findet nirgends eine Erläuterung. Es handelt sich bei ihr keinesfalls um einen inhaltlich festgelegten Titel, sondern eher um eine Bezeichnung von rätselhafter Mehrdeutigkeit. Eindeutig ist lediglich die eschatologische Konnotation. Sie nämlich ist vorgegeben durch Dan 7 und andere apokalyptische Texte (z. B. äthHen 37ff; 4Esr 13), die von einem endzeitlich vom Himmel her in Erscheinung tretenden „Menschengleichen" sprechen. Dass dieser „Menschengleiche" in Dan 7 mit dem endzeitlich vollendeten Israel gleichgesetzt wird, mag bei der Übernahme der Bezeichnung durch Jesus eine Rolle gespielt haben. Es entspräche seinem Selbstverständnis, Repräsentant des endzeitlichen Gottesvolkes zu sein.

Nicht in diesen Prädikaten manifestierte sich primär die Sendungsautorität Jesu, sondern in dem vergleichslosen Autoritätsanspruch, der in seiner Botschaft und seinen Taten zum Ausdruck kam. Das ist Grund genug, von einer *impliziten Christologie* zu sprechen. Wäre diese von seinen Jüngerinnen und Jüngern nicht wahrgenommen worden, hätte es schwerlich zu einer *expliziten Christologie* kommen können.

Ausgelöst wurde die Entwicklung einer expliziten Christologie durch die Erscheinungen des Auferstandenen. Darin, dass ihnen der gekreuzigte Jesus in einer neuen Existenzweise als der von Gott zum Leben erweckte erschienen war, sahen die Jünger ein Handeln Gottes von grundstürzender Bedeutung. Sie gewannen die Überzeugung: Gott selbst hat Jesus, dem durch sein schmachvolles Sterben scheinbar Widerlegten, Recht gegeben. Er hat sich zu ihm bekannt und ihn als den bestätigt, den er untrennbar mit seiner Königsherrschaft verbunden hat. Die traditionellen Hoheitstitel wurden vom Osterglauben her mit neuem Inhalt gefüllt. Indem sie im Bekenntnis der Kirche auf Gottes Handeln in Jesus bezogen wurden, gewannen sie Eindeutigkeit.

Die Auferstehungsbotschaft, zu deren Verkündigung die Jünger sich berufen wussten, war mehr als eine bloße Weiterführung der Botschaft des irdischen Jesus. In ihrem Zentrum stand nun Jesus selbst als der „Christus", an dem Gott in einzigartiger Weise gehandelt hatte (1Kor 15,3–5).

Die Erscheinungen des Auferstandenen wurden von den Zeugen darüber hinaus als Beginn einer neuen Epoche verstanden. Mit Jesus hatte die erhoffte Auferweckung der Toten begonnen; der Auferstandene war der Erstling der neuen Schöpfung, mit ihm nahm die Selbstdurchsetzung Gottes gegenüber seiner Welt ihren Anfang. War sie das eschatologische Ereignis schlechthin, so betraf sie die ganze Welt. Hier liegt der Impuls, der schon wenige Jahre später zu einer über Israel hinausreichenden Christusverkündigung führte. Entscheidend verstärkt wurde er durch die Erinnerung daran, dass Jesus im Becherwort seines letzten Mahles (Mk 14,24) die „Vielen" – und damit letztlich auch die Weltvölker – ausdrücklich in den Wirkungsbereich seines Sterbens einbezogen hatte.

IX. Kritische Nachbemerkung: Jesus im Medienzeitalter

Die vorliegende Darstellung Jesu aus historischer Sicht versteht sich als der Versuch, die Ergebnisse einer weitverzweigten, methodisch höchst reflektierten wissenschaftlichen Forschungsarbeit auszuwerten und zu bündeln. Sicher wird man in einzelnen kontroversen Fragen auch anders urteilen und ebenso im Zusammenhang manche Akzente anders setzen können, als dies hier geschehen ist. Dies würde jedoch nicht allzu viel an dem so entstandenen Gesamtbild ändern: Es zeigt einen Jesus, der zwar in mancher Hinsicht nicht mit dem traditionellen kirchlichen Jesusbild deckungsgleich ist, diesem aber keineswegs diametral widerspricht. Ein völlig „anderer" Jesus war nicht zu entdecken. Es ist insofern ein unsensationelles Jesusbild.

Viele sensationell aufgemachte Jesusbilder sind demgegenüber in den letzten Jahrzehnten der Öffentlichkeit präsentiert worden mit dem Anspruch, die eigentliche, bislang verdeckte historische Wahrheit über Jesus ans Licht zu bringen. Sie haben für manchen Wirbel in den Medien gesorgt. Von den Hintergründen dieser Entwicklung und den sie bestimmenden Faktoren soll im Folgenden noch die Rede sein.

In der ersten Hälfte des 20. Jahrhunderts war es zu einer folgenreichen Kommunikationsstörung zwischen der wissenschaftlichen Theologie und der Öffentlichkeit gekommen. Die historisch-kritische Forschung war damals zu der berechtigten Erkenntnis gekommen, dass die synoptischen Evangelien nicht als historische Quellen im modernen Sinn ausgewertet werden konnten, da sie bereits durch eine dogmatische Sicht der Gestalt Jesu bestimmt sind (W. Wrede). Das verband sich mit dem Bewusstsein der grundlegenden Fremdheit Jesu gegenüber der geistigen Welt der Neuzeit (A. Schweitzer; J. Weiss). Wohl am folgenreichsten war aber eine These, in der sich die Ergebnisse von Textanalysen mit einem dogmatischen Postulat verband: Bereits den biblischen Texten sei die historische Gestalt Jesu letztlich gleichgültig gewesen; ihr ganzes Interesse habe sich auf die verkündigte Botschaft des Evangeliums, das Kerygma konzentriert, und damit sei auch für heutige Theologie und Verkündigung die verbindliche Norm gesetzt. Die historische Gestalt Jesu habe sie nicht zu interessieren. Sie sei gleichsam nur der mathematische Punkt, der am Anfang dieser Botschaft stand. Christlicher Glaube soll nicht wissen über Jesus, wie er war; er soll sich allein an den lebendigen Christus des Glaubens halten, wie er im Kerygma begegnet. So erklärte Rudolf Bultmann, der wohl bedeutendste und einflussreichste Neutestamentler jener Epoche, die Gestalt Jesu zur bloßen Voraussetzung der neutestamentlichen Theologie. Als deren zentraler Inhalt galt ihm die Botschaft vom Handeln Gottes an Jesus in Kreuz und Auferweckung. Weil diese Botschaft bedingungslos Glauben und Gehorsam fordere, widerspräche es ihrem Wesen, wenn sie die Möglichkeit ihrer Beglaubigung durch historisch erfassbare Sachverhalte offen ließe.

Durch diese These wurde die Jesusforschung gleichsam unter ein theologisches Verdikt gestellt. Sie ging zwar in den Gelehrtenstuben weiter, aber sie galt als theologisch irrelevant, letztlich als ein belangloses Nebenprodukt der kritischen Arbeit an den Texten.

Anscheinend hielt man es für selbstverständlich, dass auch die Kirchenmitglieder und die weitere Öffentlichkeit diese Überzeugung teilen würden. Anders lässt sich das fast vollständige Fehlen von Jesusdarstellungen aus der Feder ausgewiesener Fachleute im deutschsprachigen Raum zwischen 1920 und 1956 kaum erklären. (Bultmanns eigenes, 1926 erstmals erschienenes Jesusbuch war eine die historische Fragen konsequent ausklammernde Interpretation der überlieferten Verkündigung Jesu.) Im angelsächsischen Bereich war es anders. Hier, wo sich die radikalen Thesen der deutschen Theologie nicht etablieren konnten, hielt sich das Interesse am historischen Jesus nahezu ungebrochen.

Erst in den fünfziger Jahren setzte eine Wende ein. Im Kreis der Schüler Bultmanns entstand die so genannte „neue Frage nach dem historischen Jesus", die das Verdikt des großen Lehrers über die Jesusforschung in Frage stellte. Auch sie war jedoch an dessen Kerygmatheologie orientiert. Ausgehend von der Erkenntnis, dass das nachösterliche Christuskerygma nicht auf sich selbst steht, sondern den Anspruch erhebt, am vorösterlichen Jesus Anhalt zu haben, ging es darum, anhand der Ergebnisse historischer Forschung zu überprüfen, ob dieser Anspruch zu Recht besteht und inwieweit eine inhaltliche Kontinuität zwischen dem vorösterlichen Jesus und dem nachösterlichen Kerygma aufweisbar ist. Das war in der Tat eine wichtige theologische Fragestellung. Sie blieb allerdings von ihrem Ansatz her relativ eng. Historisch wichtige Faktoren, so vor allem die Verwurzelung Jesu im zeitgenössischen Judentum, kamen nur unzureichend in ihr Blickfeld. Das im Zuge der „neuen Frage nach dem historischen Jesus" entwickelte Jesusbild war zu distanziert und abstrakt, als dass es einer breiteren Öffentlichkeit hätte vermittelt werden können.

Das Interesse dieser Öffentlichkeit an Jesus war freilich ungebrochen. Durch das Verstummen der Fachleute zum Thema

Jesus war ein Vakuum entstanden, das geradezu darauf wartete, von anderer Seite gefüllt zu werden. Dass das weitgehende Schweigen über den historischen Jesus in Theologie und Kirche auf einem *theologischen* Verdikt beruhte, war für außerhalb der Fachdiskussion Stehende kaum verständlich. So regte sich der Verdacht: Sollten etwa die Fachleute ihre historischen Kenntnisse über Jesus der Öffentlichkeit deshalb vorenthalten, weil deren Verbreitung zum Zusammenbruch des christlichen Glaubens und der Kirchen führen müsste? War aber der historische Jesus – wie man unterstellte – vorsätzlich zur „Verschlusssache" erklärt worden, dann war es die Pflicht von Journalisten und Medienvertretern, durch entsprechende Recherchen das Verborgene an das Licht der Öffentlichkeit zu bringen. So kam es seit den sechziger Jahren zu einer wahren Flut populärwissenschaftlicher Veröffentlichungen, die mit dem Anspruch auftraten, endlich Jesus so darzustellen, wie er wirklich war.

Einige Merkmale sind den meisten dieser Veröffentlichungen gemeinsam. So die Kritik an der Institution Kirche. Dem positiv gezeichneten historischen Jesus wird das Negativbild Kirche gegenübergestellt. Die Kirche habe den „wirklichen Jesus" verfälscht und zensiert. Bereits das Jesusbild der neutestamentlichen Schriften sei das Produkt vorsätzlicher und bewusster Verfälschung. Damit wird eine im Ansatz sachgemäße Fragestellung unsachgemäß vergröbert.

Deutlich ist ferner die Tendenz zu einer Modernisierung Jesu. Ideale und Leitvorstellungen, die sich aus dem individuellen und gesellschaftlichen Bewusstsein unserer Gegenwart ergeben, werden auf Jesus zurückprojiziert. Jesus wird in seiner traditionellen Rolle als Identifikationsfigur angeboten, und zwar so, dass auch Menschen, die dem christlichen Glauben fern stehen, sich mit ihm identifizieren können. Dabei werden einzelne, mehr oder minder willkürlich herausgegriffene Elemente der Jesusüberlieferung zu einem Gesamtbild kombiniert, das den eigenen Erwartungen entspricht. Man entkleidet Jesus von allem, was nicht zeitgemäß ist und nicht auf der Linie der eigenen Darstellungsabsicht liegt. Ergebnisse wissenschaftlicher Textanalyse werden dabei erst gar nicht zur Kenntnis genommen. Erst recht wird bei diesem Verfahren die für die Forschung inzwischen selbstverständlich gewordene Einsicht der grundsätzlichen Fremdheit Jesu gegenüber moderner Kultur und Mentalität ignoriert.

Auffallend ist schließlich auch der unbekümmerte Rückgriff auf Thesen aus der Frühzeit der Leben-Jesu-Forschung im 18. und frühen 19. Jahrhundert, die inzwischen längst als romanhafte Phantasien ohne jeden Anhalt an den Quellen widerlegt worden sind, so vor allem die Thesen von Jesus, dem gewalttätigen Revolutionär, von seinem Scheintod und Weiterleben nach der Kreuzigung und vom Jesusbild der Evangelien als einer bewussten Fälschung der Jünger.

Einige besonders markante Beispiele seien hier angeführt.

Jesus, *der zelotische Aufrührer* und Anstifter zur Revolution – das war ein Identifikationsangebot, das der sozialrevolutionären Gestimmtheit der sechziger und frühen siebziger Jahre entgegenkommen musste. An Publikationen, die Jesus in diesem Sinn darstellten (z. B. S. F. G. Brandon; J. Carmichael), hat es damals denn auch nicht gefehlt. Sie griffen damit – teils, ohne das ihren Lesern mitzuteilen – eine These aus der Zeit der Aufklärung auf. Hermann Samuel Reimarus hatte sie in seinen von G. E. Lessing 1784 herausgegebenen „Fragmenten eines Ungenannten" phantasievoll begründet. Seither ist sie immer wieder als Baustein für ein antikirchliches Jesusbild aufgenommen worden, so in der Literatur der sozialistischen Arbeiterbewegung des späten 19. Jahrhunderts. Um sie plausibel zu machen, musste schon Reimarus die vorsätzliche Fälschung des Bildes Jesu durch die Jünger behaupten. Wenn die modernen Erneuerer seiner These auch darin folgen, so kann das angesichts des heutigen Standes wissenschaftlicher Textanalysen nur als unmethodische Willkür gelten.

Es entsprach ebenfalls einer seit den sechziger Jahren verbreiteten Stimmung, wenn Jesus als *Aussteiger aus der Gesellschaft* dargestellt wurde, sei es als utopischer Entwerfer einer Gegengesellschaft, als Provokateur oder als Jung-Hippie – „Jesus Christ Superstar".

Auch die in den achtziger Jahren aufkeimende Sehnsucht nach *Esoterik und fernöstlicher Weisheit* fand in Jesus ein passendes Identifikationsangebot. Diesmal war es eine These aus historisch unbekümmerten romanhaften Jesus-Darstellungen des 19. Jahrhunderts, die dafür herhalten musste: der Scheintod Jesu. Jesus sei – so war nun in einigen Publikationen zu lesen – am Kreuz nicht wirklich gestorben, sondern als Scheintoter von seinen Jüngern gesund gepflegt worden. Auch für den Fortgang der Geschichte lieferten obskure romanhafte Schriften aus dem 19. Jahrhundert das Material: Der wiederhergestellte Jesus sei nach Indien ausgewandert. Dort habe er seine Tage als hinduistischer Weiser friedlich beschlossen. Die unbewiesene Behauptung, diese These sei eindeutig wissenschaftlich begründet, genügte, um ihr ein breites Medienecho zu sichern.

Zeitgenossen, die im freien *Ausleben von Sexualität* ihren höchsten Lebenswert sehen, wurde ebenfalls die Möglichkeit einer Identifikation mit Jesus eröffnet. Für sie erstellte man in ausschweifender Phantasie, aber ohne methodisch gesicherte Quellenbasis, ein Bild vom Sexualleben Jesu, in dem naheliegenderweise Maria aus Magdala (vgl. S. 68ff) eine zentrale Rolle spielt. Die australische Autorin B. Thiering will aus einem von ihr angeblich entschlüsselten Sub-Text neutestamentlicher Schriften sogar von drei Kindern Jesu, seiner Ehescheidung und glücklichen Wiederverheiratung erfahren haben.

Aber auch Publikationen mit ernster zu nehmendem wissenschaftlichen Anspruch haben an der hier dargestellten Problematik teil. Das gilt für tiefenpsychologische und feministische Jesusdeutungen, mögen diese auch noch so sehr einem zeitgenössischen Anliegen entsprechen. Wenn da etwa Jesus als der „wahre Mann" dargestellt wird, in dem – gemäß der Lehre C. G. Jungs – männliche und weibliche Persönlichkeitselemente, *animus* und *anima*, in singulärer Weise vereinigt sind (H. Wolff), so wird damit in die biblischen Zeugnisse eine Sicht eingetragen, die ihnen selbst fremd sein musste. Die Quellen werden damit zur Legitimierung eigener Interessen missbraucht. Ähnliches gilt auch für die Darstellung Jesu als

Leitfigur der Friedensbewegung (F. Alt). Das dafür in Anspruch genommene Ethos der Bergpredigt Jesu wird seiner eschatologischen Perspektive beraubt und zu einem Programm rationaler Konfliktbewältigung umgepolt. Damit werden nicht nur die Quellen, sondern auch Jesu Lehre selbst gegen den Strich gebürstet.

Als besonders medienwirksam erwiesen sich die Schriften von Qumrân. Sie lösten zwei große Schübe populärwissenschaftlicher Veröffentlichungen aus – kurz nach ihrer Entdeckung in den fünfziger Jahren und zu Beginn der neunziger Jahre. Angesichts mancher gedanklicher und begrifflicher Parallelen zur Jesusüberlieferung (vgl. S. 47) lag die Versuchung nahe, direkte Abhängigkeitsverhältnisse und unmittelbare geschichtliche Zusammenhänge zu konstruieren. Das erste publizistische Qumrân-Fieber entzündete sich an angeblichen Entsprechungen zwischen Jesus und dem „Lehrer der Gerechtigkeit". War nicht auch der Lehrer der Gerechtigkeit gekreuzigt worden? War er vielleicht sogar identisch mit Jesus? Beide Vermutungen hielten näherer Nachprüfung nicht stand. Sehr viel hitziger – vor allem in Deutschland – war das zweite Qumrân-Fieber. Es war ausgelöst durch die Behauptung, der Vatikan habe die Publikation gewisser Qumrân-Texte verhindert, die die gesamte biblische Darstellung Jesu und der Geschichte des Urchristentums angeblich widerlegten (M. Baigent/R. Leigh). In Wahrheit sei das Urchristentum ein sekundärer Ableger der Gemeinschaft von Qumrân gewesen, und die Jesusüberlieferung sei von Paulus, einem abtrünnigen Qumrân-Anhänger, mehr oder weniger freischwebend erfunden worden. Keine dieser ohne Faktenbasis vorgetragenen Vermutungen hat sich bestätigen lassen, und die als Zeugen aufgebotenen Fachleute haben sich mehr oder weniger deutlich distanziert. Was nach dem Verstummen des schrillen Medienechos auf diesen publizistischen Rundumschlag bleibt, ist nachdenkliche Verwunderung darüber, dass Konstruktionen, die durchweg nach dem gleichen stereotypen Muster angelegt sind, immer wieder die gleiche unfehlbare Wirkung haben.

Inzwischen hat seit den frühen achtziger Jahren eine neue Phase wissenschaftlicher Jesusforschung eingesetzt. Sie hat sich von allen theologischen Engführungen frei gemacht. Ihre Hauptkennzeichen sind eine pluralistische Offenheit und eine betont historische Ausrichtung, die profangeschichtlichen Ansprüchen Genüge tun will. Protestantische, katholische und jüdische Forscher sind an ihr maßgeblich beteiligt. Wichtige Impulse für sie gingen vom angelsächsischen Bereich, vor allem den USA, aus. Sie hat insofern ein anderes Verhältnis zur Öffentlichkeit, als sie von vornherein darauf ausgeht, ihre Ergebnisse breiteren Kreisen zugänglich zu machen. Vieles spricht dafür, dass dies zu einer Versachlichung der populärwissenschaftlichen Diskussion führen wird.

Für Diskussionsstoff gesorgt hat zuletzt insbesondere eine Gruppe US-amerikanischer Forscher aus dem Bereich der so genannten „dritten Frage nach dem historischen Jesus", die in einem „Jesus-Seminar" zusammenarbeitet. Sie hat die These von Jesus, dem galiläischen Bauern, in die Welt gesetzt, der – ein Aussteiger aus der Gesellschaft nach dem Modell des Kynikers Diogenes – seine Zeitgenossen provozierte, die gesellschaftliche Ordnung durch subversive Äußerungen bekämpfte und unter dem Reich Gottes einen Zustand selbstgenügsamer Autarkie verstand (J.D. Crossan; B.L. Mack). Diese These verdient gewiss Aufmerksamkeit. Sie enthält diskussionswürdige Einzelbeobachtungen (vgl. S. 78ff). Um zu überzeugen, müsste sie sich gegen einige prinzipielle Einwände behaupten: Lässt sich eine derartige Herauslösung Jesu aus dem geistigen Kontext des Judentums von den Quellen her begründen? Kann Jesu Botschaft von der Gottesherrschaft wirklich mit dem kynischen Ideal der Autarkie in Einklang gebracht werden? Und schließlich: Entspringt diese These nicht auch – wie so viele andere publikumswirksame Modernisierungsversuche – dem Bestreben, den „Aussteiger" Jesus den vom Überdruss am Anpassungsdruck der heutigen Gesellschaft geplagten Menschen als Identifikationsfigur anzubieten?

Kleine Literaturauswahl

1. Neuere wissenschaftliche Jesusdarstellungen

Becker, J., Jesus von Nazaret, Berlin/New York 1996
Berger, K., Wer war Jesus wirklich? Stuttgart 1995
Crossan, J.D., Der historische Jesus, München 1994
Gnilka, J., Jesus von Nazaret. Botschaft und Geschichte, Freiburg u.a. 1990
Sanders, E.P., The Historical Figure of Jesus, London 1993
Theißen, G./Merz, A., Der historische Jesus, Göttingen 1996
Vermes, G., Jesus der Jude. Ein Historiker liest die Evangelien, Neukirchen-Vluyn 1993

2. Literatur zur Forschungsgeschichte und -problematik

Baumotte, M. (Hg.), Die Frage nach dem historischen Jesus. Texte aus drei Jahrhunderten, Gütersloh 1984 (Instruktive Zusammenstellung klassischer Texte)
Heiligenthal, R., Der verfälschte Jesus. Eine Kritik moderner Jesusbilder, Darmstadt 1997 (Treffsichere, temperamentvolle Auseinandersetzung mit publikumswirksamen Jesusdarstellungen der letzten Jahre)
Kümmel, W.G., Dreißig Jahre Jesusforschung (1950–1980), hg. von H. Merklein, Frankfurt/M. 1985 (Kritische Durchsicht der neueren Jesusforschung durch einen ihrer besten Kenner)
Roloff, J., Das Kerygma und der irdische Jesus, Göttingen ^{2}1973
Schweitzer, A., Die Geschichte der Leben-Jesu-Forschung, Tübingen 1913 (^{9}1984) (Unüberholtes klassisches Standardwerk)
Theißen, G./Winter, D., Die Kriterienfrage in der Jesusforschung, Freiburg (Schweiz)/Göttingen 1997 (Darstellung von Trends und Tendenzen in der Jesusforschung der letzten Jahrzehnte)

3. Literatur zum zeit- und religionsgeschichtlichen Hintergrund

Zum zeit- und religionsgeschichtlichen Hintergrund
Maier, J., Zwischen den Testamenten. Geschichte und Religion in der Zeit des zweiten Tempels, Würzburg 1990
Stemberger, G., Pharisäer, Sadduzäer, Essener, Stuttgart 1990
Stegemann, H., Die Essener, Qumran, Johannes der Täufer und Jesus, Freiburg ^{4}1994
VanderKam, J.C., Einführung in die Qumranforschung, Göttingen 1998.